成长也是一种美好

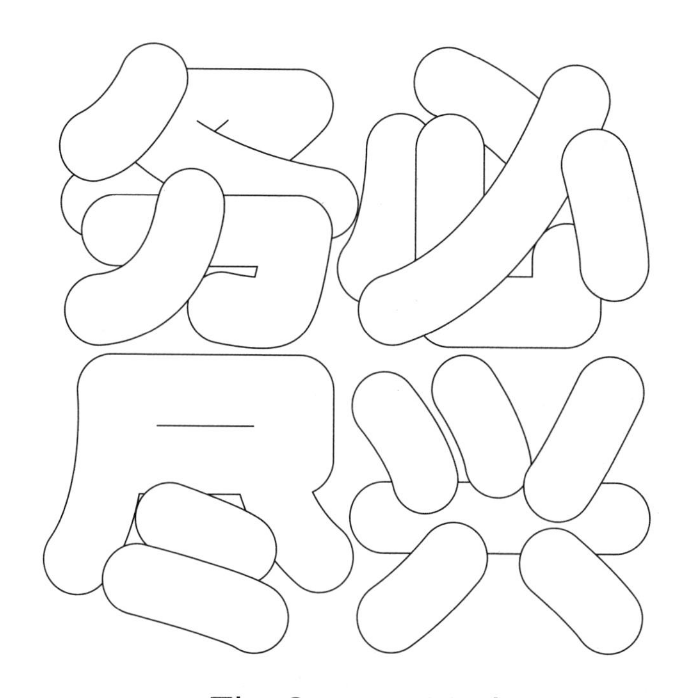

The Success Myth

我们穷极一生追求的到底是什么？

[英] 艾玛 · 加侬 (Emma Gannon) 著 / 李蕾 译

人民邮电出版社
北京

图书在版编目（CIP）数据

务必尽兴 ：我们穷极一生追求的到底是什么？ / (英) 艾玛·加侬 (Emma Gannon) 著 ; 李蕾译. -- 北京: 人民邮电出版社，2024.7
ISBN 978-7-115-64362-9

Ⅰ. ①务… Ⅱ. ①艾… ②李… Ⅲ. ①幸福一通俗读物 Ⅳ. ①B82

中国国家版本馆CIP数据核字(2024)第090747号

版权声明

◆ 著 [英] 艾玛 ·加侬（Emma Gannon）
译 李 蕾
责任编辑 林飞翔
责任印制 周昇亮
◆人民邮电出版社出版发行 北京市丰台区成寿寺路 11 号
邮编 100164 电子邮件 315@ptpress.com.cn
网址 https://www.ptpress.com.cn
天津千鹤文化传播有限公司印刷
◆开本：880×1230 1/32
印张：8.5 2024 年 7 月第 1 版
字数：170 千字 2024 年 7 月天津第 1 次印刷
著作权合同登记号 图字：01-2024-1794 号

定 价：59.80 元

读者服务热线：（010）67630125 印装质量热线：（010）81055316
反盗版热线：（010）81055315
广告经营许可证：京东市监广登字20170147号

人生就是一场奇妙的旅行，

请你务必尽兴。

请你务必，一而再、再而三、三而不竭、千次万次毫不犹豫地救自己于这世间水火，一路走来有太多波折，好坏都该一并接受。

自序

在写本书前，我发现我们正身处一个危机四伏、令人恐惧和不同寻常的时代。生活成本不断上涨。各类新闻源源不断，但似乎总是充斥着负面消息。政坛如同马戏表演般乌烟瘴气，气候变化已然成为现实，而社交媒体则成为一个充满风险与挑战的雷区，我们难以预测未来会发生什么。越来越多的人陷入了疲惫和倦怠的困境中。新冠肺炎疫情如同一场风暴席卷而过，只留下了一片狼藉。但是，总的来说，现在还是一个美好的时代，我们所拥有的一切都比以往任何时候好很多。科学技术迅猛发展，为我们带来了更多的发展机遇，人们的文化素养不断提高，全球通信更加方便快捷，科学领域取得了突破性进展，极端贫困现象也与日俱减。从很多方面来说，我们此刻依然能生活在这颗星球上，已然够幸运了。

世界正在短时间内经历着巨大变革，就像坐飞机时的颠簸一样令人感到焦虑不安。但我认为，在发现自身不足，改变自我之前，我们应该先思考一下我们所处的社会是否出现了问题，更需要改变。同时，我还认为人们可以降低自身的欲望，从而减少对地球、对自然资源的过度需求。没错，本书旨在改变社会对成功的刻板定义，探究我们内心真正渴望的东西及更加宏观的领域。如果我们想要做出重大改变，就必须从改变自己的内心开始。这并不意味着要把解决社会宏观问题的希望完全寄托在个人身上，但是我们可以做一些力所能及的事情：我们可以与自己对话，探讨深层次的问题。“我们一路奋战，不是为了改变世界，而是为了不让世界改变我们。”

现在让我们做个深呼吸，休息一下。接下来，我会详细告诉大家为什么需要阅读这本书，以及为什么现在的我们比以往任何时候都迫切需要探究“成功”背后的“神话”（以及我们在追求成功的道路上遇到的种种骗局）。

目录

引言

我们穷极一生追求的到底是什么

成功上瘾患者

那是在2018年6月，我受邀参加在马恩岛（Isle of Man）举行的一次会议，并进行新书主题演讲。我乘坐一辆黑色轿车前往机场，车内寂静无声，真皮座椅一尘不染。这次演讲仅有半小时，但给我的酬劳远超我上一个月的收入。我衣着光鲜，拎着崭新的手提包，一派春风得意，踌躇满志，美好的生活如约而至。当我望着窗外，听着收音机，伦敦的建筑物一个接一个地掠过眼帘，我感到自己已然事业有成。我享受到了做“女强人”的高光时刻（有点骄傲了，抱歉），或者说我体会到了所有励志类书籍中提到的一切：开拓进取的成功人士！光鲜人生！在社交媒体上拥有无数粉丝！经纪人、书约、成功！登机后，我旁边坐着一位女士，她涂着粉红色口红、戴着珍珠项链。飞机行程很短，一路上她很健谈，她告诉我由于海风较大，飞机空间狭小，所以飞机在岛上降落时总是很颠簸。我们也看到坐在前排的一位女士点了许多瓶迷你伏特加，她紧紧抓着扶手，很明显是在为即将到来的过山车般的体验做准备，她显然非常清楚坐飞机会很颠簸。

“我总觉得这趟航班将会是我生命的终点。”前排的那位女士转过身来对我们说，声音里充满了恐惧。

“希望大家都旅途平安！”我大声回答，紧张地笑了笑，透过窗户望向机翼。飞机确实很小，而且风力越来越强。

我旁边那位涂口红的女士微笑着说：“如果飞机真的坠毁了，我也不会太在意。我已经实现了我所有的人生目标，”她平静地靠在椅背上说道，“我毫无遗憾。”

突然，我感到一阵恐惧，就像那位喝迷你伏特加的女士一样。我心想，我的美好人生才刚刚开始。

我要为创业者们发表主题演讲!

我有很多目标需要**实现**。

我正走在通往**成功**的道路上!

机长通过扩音器对我们讲话，她听起来很冷静，告诉我们不要离开座位，系好安全带。飞机剧烈颠簸，乘客们尖叫连连。我身边的女士曾提醒我着陆时会很颠簸，事实也确实如此。飞机着陆时，感觉只有一个摇晃的轮子在苦苦支撑。前排的那位女士在瑟瑟发抖，但我旁边的女士却微笑自若。她似乎真的不害怕。当天晚些时候，我不禁回忆起她，思考着她所说的“实现了她所有人生目标”这句话背后的含义。她说自己

“很满足”。这到底是什么意思？她当时是不是失去了理智？

那时，工作是我生活的重心，是我生命中唯一重要的事情，也是我的全部。朋友曾无意中说我工作太拼命，这让我非常懊恼。他们竟敢这么评价我的工作？他们竟然还缠着我去酒吧放松？我可没有时间玩乐。我有使命在身。我对这些话不屑一顾。如果有人说我工作太拼，我会认为他们是在分散我的注意力，或者“毫不理解”我的雄心壮志。我就是要做到事业有成；我就是“全力以赴”的最佳代言人；我正在勇攀事业高峰，我想要获得成功。我力争上游、干劲十足、专心致志，我取得的成绩可以写成厚厚的书面材料，网上也随处可查。

从我 21 岁进入职场的第一天起，我就在一间宽敞的开放式办公室里上班，周围电话铃声响个不停，上司大声呵斥，员工们制定业绩目标，并且得到赏识。初入职场，我就被成功、雄心、成长和进取心等各种理念所围绕，并深受它们影响。我因此在职场迅速成长起来，痴迷于和周围形形色色的人打交道，了解他们的观点和看法。这与我在学校的感觉大不一样，在学校，我总觉得自己落在别人后面；但在工作中，我却是佼佼者，一路领先。我最初在社交媒体公司工作，为知名品牌效力；后来转到康泰纳仕（Condé Nast）集团，为知名杂志写文章。这种快节奏的工作非常适合我，我乐在其中，而且常常穿着高跟皮靴去上班。二十多岁时，无论我在哪家公司上班，我都工作到深夜。如果工作超过晚上九点，还能得到免费比萨。我喜欢这样的工作，因为我更喜欢待在办公室，而不是待在家里。我满脑子只想着工作。那时的我丝毫没有意识到，这其实是我逃避现实的一种方式。藏身于办公室的高墙内能带给我安全感。周五晚上，当同事们回家与家人共进晚餐时，我会到街上闲逛，然后盘算着：接下来该做什么呢？数不清的会议、电话、提示音和消息使得我体内肾上腺素飙升，我需要花些时间才能平静下来。

搬到伦敦是我人生中的一大梦想。我变得愈发自信，第一次感觉到自己活着的真正意义。后来，我决定单干，做一名自由职业者，从而开启了新的成功之旅。我在家里的办公桌上一直工作到天黑，然后又把笔记本电脑搬到沙发上，一直工作到凌晨，晚饭也是在沙发上解决。我也许摆脱了商业职场的种种束缚，但是自己当老板的日子也并不轻松。我仍然需要通过电脑机械性地完成大量的工作，昼夜不分、耗神费力。如果说这与职场有什么不同的话，那就是我更加执着于在自己擅长的领域做出一番成绩。我需要证明自己的能力；我要向那些认为我无法“自主创业”的人证明他们是错误的。

然而，就在我的事业有所起色后没多久，我开始感到有些不安。我第一次隐约感觉心中有个微弱的声音告诉我有些事情不太对劲，但是我发现我可以通过大声说话来掩饰心中的不安。这个微弱的声音一直在提醒着我，却无数次地被淹没在一个接一个的访谈、观众的掌声、来自社交媒体的赞美之词和数不清的光鲜照片中。在现实生活中，我觉得如果有人用力推我一把，我马上就会摔倒，周围的一切都会轰然倒塌。我越来越无法忽视内心的感受。终于，在一个夜晚，我的内心发生巨大的转变。

让我回忆一下马恩岛的那个夜晚吧。演讲结束后，我摘下了让我的演讲响彻整个大礼堂的布兰妮（Britney）式麦克风，回到酒店房间，坐在白色床单上，我没有感到如释重负，也没有亢奋、喜悦的感觉，更没有肾上腺素飙升的快感。我的内心特别平静。[如果在谷歌上搜索“content（满足）的反义词是什么？”，你会搜到“discontent（不满）”一词。然后词库列出了同义词：无趣、低沉、不高兴、不满意]。我低下头，双手抱头，泣不成声。我环顾四周，感到无比……孤独。我记不起上次见朋友是何年何月，上次过生日是什么时候，上次在工作之余放松自己是什么时候。人们不会问我过得怎么样，因为他们认为我得偿所愿，生活非常美好。没有人关心我，他们没有义务这么做。我在社交媒体上的动态看起来充实、忙碌，而又令人兴奋，上面的我穿着昂贵的西装，涂着红色唇膏，笑容灿烂。朋友们给我发信息说：“你酷毙了。”可我“毙”掉了什么？也许是我的灵魂吧。

那天晚上，我是听着一个朋友的语音信息入睡的，她在半夜给我发了一条很长的语音留言，详细地描述了她的近况。她刚刚生完孩子，疲惫不堪，熬夜照顾孩子，她的生活发生了巨大的变化，上厕所对她来说就像一个军事行动，需要进行周密的计划和安排。但她听起来心情却很好。我喜欢听她说话，也为她能够与我分享全部经历而倍感欣慰。她刚刚经历了生命中的一些重大变化。她因照顾孩子而睡眠不足。她是我的朋友。尽管她正在费心照顾自己的宝宝，但仍抽出时间来陪我。那么为什么我却做不到？为什么我没有和周围的朋友保持联系？我一心想过的生活到底是什么样子的？

我是幸运的，因为大部分时间内我非常享受自己的工作，为自己能够作为一名“知识工作者”赚钱养家而感到骄傲，这意味着我可以成为一名自由自在的“数字游民”。只要有笔记本电脑和无线网络，我就可以在任何地方工作。我喜欢我的职业，它就像一个浮力助推器，在我无助时成为我的依靠，它确实让我感受到了快乐。但我还没有完全认清事实：工作永远无法给我们足够的情感回报。是的，它可以成为我们的经济支撑，但它永远不会填补我们感情的空白。它并不是我们想象中的安乐窝。如果我们一直喜欢某个东西，但是一旦它占据了我们生活的全部，并开始让我们感到不自在，那么从本质上说，它就是某种成瘾。我对功成名就的痴迷已经到了如此地步，使得我只看重与泛泛之交往来，而忽略了相知已久的亲密好友，而且我只有在自我感觉状态很好时才会进行社会交往，我几乎从未让任何人看到过我脆弱的一面。我总是不断地创新，开拓新的领域。我觉得自己必须过得很好，才有资格见人。我变成了数字媒体顾问詹妮弗·罗莫里尼（Jennifer Romolini）所说的“野心怪物”。实际上，我是害怕被人看到真实的自己。我穿着厚厚的盔甲，掩藏了真实的自我。我必须想办法找回自己，这就是本书所探讨的最重要的问题。

成功是什么

我们每天都能接触到各种新鲜事物：瞬息万变的时尚、免费的网络资源、应用程序上的数百种美食、次日送货、黑色星期五促销活动。但统计数据却清楚地表明，我们的生活过得并不快乐。焦虑、倦怠和抑郁的人数与日俱增。微塑料制品数量激增，气候变化对海洋和沿海生态系统产生了巨大的影响，这一切都让地球的现状不容乐观。

这就颇具讽刺意味了：作为社会中的一员，我们对成功的渴望仍然前所未有的强烈，然而从表面上来看，我们的世界并不十分“成功”或“幸福”。这无疑是一种讽刺。对成功（无论成功是什么）的追求往往是永无止境的：这是一种分散公众注意力的手段、一种营销技巧、一种我们毫无选择可言的艰难旅程，一种马不停蹄地奔波只为满足更多欲望的生活方式。这是一根我们时刻用来敲打和鞭策自己的棍子。我们总是感觉自己做得不够好。我们每天在手机上看到周围的人一个接一个地取得成功，而我们又该如何确定自己对成功的定义呢？

这本书的重点是帮助人们从生活中找到自己真正想要的东西。我们这么做不是为了让自己在晚宴上看起来多么光彩照人，在社交网络上获得他人的认可，或者为了让我们的父母感到骄傲。我们这么做的目的是要弄清楚在日常生活中的“成功”应该是什么样子的。现在，我们正处于一个重要的时代转折点，应该问问自己究竟想要什么样的人生（不仅仅是物质上的），然后进行一下逆向思维，寻找实现它的良策。

我写这本书的目的并不是要说服大家心怀壮志和追求梦想没有意义（这当然有意义——人的一生总是要不断向前的，总要有值得自豪和纪念的时刻，这是生活中必不可少的），我真正的目的是要提醒大家，实现大目标、大梦想，获得无上的荣誉，并不一定会给我们个人带来真正的满足感。根据我的观察和研究，我们在网上看到的、听到的或在新闻中看到的高光时刻，其幕后毫无光彩可言。难怪有人说过社交媒体上都是其他人的“精彩人生”——而社会中关于“成功”的营销概念诱使我们误认为自己的人生也可以如此精彩。那么在你看来，无须向公众炫耀的成功人生应该是什么样子的？

我无论走到哪里，遇到的都是为生存四处奔波的人。我们到底有没有真正意识到，生命的意义更多地存在于追名逐利的游戏之外，而金钱、名利和无尽的财富并不能让我们找到生命的价值？我们究竟清不清楚，其实那些兜售成功秘诀的“大师”、偶像和成功人士并不掌握我们获得幸福的密码？

被忽视的一环

在过去的 6 年里，我每周都会在我的播客 Ctrl Alt Delete[①] 中安排采访活动，采访的对象通常是在自己专业领域（通常是创意领域）内取得

① “Ctrl Alt Delete” 原是一个计算机术语，通常用于重启或重置计算机系统。该播客的名称以隐喻的手法暗示了节目的主题是关于个人成长、改变思维和重新定位。——译者注

“成功”的人。这是一个不涉及企业虚假宣传的职业播客，我可以语调轻松地询问他们究竟是如何做到事业有成、合理规划自己的人生的，同时也得到了他们关于如何保持心理健康的各种建议。这个过程令人非常愉快，我不仅能向这些受访者提出私人问题，还能见到他们本人，这意味着我在节目录制期间以及进行访谈前后，都能了解到一些令人难忘的故事和个人经历。到目前为止，我已经采访了400多位在外人看来事业有成的成功人士，其中包括参与修改律法的社会活动家、做出重大决策的政治家、奥斯卡获奖编剧、体育明星、著名作家、特定领域的专家、哲学家、心理学家、心灵导师、演员、医生、歌手，等等。我也听过很多人的故事，这些人当中有的白手起家、有的拥有无上的特权、有的获奖无数、有的失去了至亲、有的走过红毯、有的失去一切、有的获得一切、有的重新开始、有的影响了数百万人、有的患有恐慌症、有的在巨大舞台上高声演讲，还有的吸引全世界的目光，备受公众崇拜。不知不觉中，我竟然意外地成为采访和分析外在成就的专家，同时也了解了他们“成功背后”的真实想法，以及他们人性的不完美之处。我发现，有些人信心满满地分享自己的成就，而有些人则避而不谈；有些受访者会夸大自己的成就，而有些则似乎根本不在乎这些成就；有些人把自己的成功完全归功于努力工作，而有些人则把它归功于运气；有些人认为是自己的天赋使然，有些人则患有严重的冒名顶替综合征，有些人干脆把自己的成功归功于命运，而有些人则坦言他们的成功是多种因素共同作用的结果。许多人把自己的成功归功于父母、老师或那些相信他们的人的爱和支持。我们能够找到可以借鉴的成功模式和共同点，这着实是一件令人开心的事情。

我开设这个播客主要是因为我想知道成功的秘诀。我想一探究竟，找到人们在各自领域取得成功的原因和动力。这些成功人士在维基百科上拥有令人羡慕的个人履历介绍，经济上有保障，而且获奖无数，他们是否比别人更快乐、更有成就感？他们是否觉得自己的人生已经上升到了另一个高度？

我很快认识到，他们中的大多数人并非如此。无论他们在社会公认的成功阶梯上爬得多高，他们都会同样感到不安、疑虑，遭受身体健康、家庭压力、创作瓶颈等问题的困扰，对未来充满不确定性。我见过一些人，他们在实现人生目标后，并没有大张旗鼓地庆祝这个期待已久的巅峰时刻。相反，他们只想在光线昏暗的房间里爬上床，狂睡一个星期。还有人承认，当他们终于实现梦想时，他们的生活开始崩溃。我听过一些人的故事，他们看起来“一切都顺利”，但实际上内心危机重重。我听说过财聚人散的故事，也听说过金钱把人变成偏执的守财奴的故事。现在，我觉得有必要详细讨论一下这个话题。事业的成功是否就意味着事事顺心如意？

无论在麦克风前还是在日常生活中，我的大多数嘉宾都有一个共同点：他们居然都有一种“我已经做了这么多，但还是觉得不够”的感觉。在成长过程中，我总觉得成功人士身上有一种气质，仿佛他们已经解开了人生之谜，破解了人生密码！然而，当我见到他们本人时，却完全没有了这种感觉。我为此感到泄气：成功励志的图书之所以畅销是有原因的。人们希望得知，只需三个简单的步骤就能改变自己的一生，从此过上幸福的生活；人们喜欢圆满的结局，简洁明了，更容易理解。

传统教育告诉我们：人生就是一个梯子，我们要不断地向上爬（中学、大学、工作、晋升、家庭、住房、成功），所以我们相信，人生的阶梯肯定会有一个终点，一个让我们觉得自己成功了的时刻。这正是我希望从这些访谈中得到的：人们会说，在“终点”处的那一刻会有如释重负的感觉，倍感轻松和安全，总有一天我们会找到彩虹尽头的宝藏，从此过上幸福的生活。但是，我一次也没有感受到那种光鲜而永恒的时刻。事实上，在“成功”的另一面，隐藏着更黑暗的东西——失去自我，人际关系破裂，或者人际关系变成了纯粹的交易关系，失去信任，出现心理健康问题，出现越界行为，自我价值扭曲，遭遇网络威胁和恶意攻击，陷入优先考虑陌生人意见的误区，宏观或微观创伤复发，直至引发生存危机。有相当多的“成功人士”私下对我说：“这些令人骄傲的成就并没有引导我走出心理危机。”我们的确难以理解这些人的感受和困境，毕竟成功是如此充满诱惑力，没有人不愿意成功。当然，我们可以列举出许多比这更糟糕的例子，但公众对成功如此痴迷的话题，仍然值得我们去分析和探究。任何事物都是相对的，只要我们拥有足够丰富的背景知识和敏感性，现在社会中所有的问题都值得我们去讨论和研究。我不禁对此感到好奇，为什么这么多“成功人士”也会遭受如此巨大的痛苦呢？这似乎是一个被人们忽视的重要环节。

警钟长鸣

深入窥视诸多成功人士的生活和事业的幕后情形，使我对成功这个更广泛的话题愈加好奇，也让我对成功的标准、心魔、个人经历和内心偏见进行了深刻反思。我内心深处是否认为我应该更加成功？我追求成功的背后是否存在着某种执念？在实现了一些看起来了不起的目标之后，我的生活是否发生了变化？我的雄心到底有多大？我们对成功的定义多久改变一次？我曾经在新冠肺炎疫情之前问过自己这些问题。当世界一度停摆数月之后，我们中的许多人都不得不仔细审视自己的生活。当我们的计划被搁置时，我们才会有时间认真反思人生中的一些重大问题。我们真的喜欢自己的工作吗？我们真的喜欢自己吗？当我们被困在家里一个人办公时，怎么做才叫作成功？协助共赢是什么样的？约翰·列侬说："当我们为生活疲于奔命的时候，生活已经离我们而去。"

在 2020 年和 2021 年新冠肺炎疫情封城之前，我一直忙于工作，忙得不可开交。现在回想起来，我内心并不一定快乐，但当时的我根本无暇顾及。我的生活表面上看起来很好，我没有理由去思考这个复杂的问题。但自从开始封城之后，我就意识到有些不对劲了。这场疫情来势汹汹，席卷全球，所以我也很少出门，大多数晚上都待在家里（即使管控有所放松时也依然如此），过着无趣的生活。我把自己的不愿出门归咎于"性格内向"。我尽量减少社交活动，就像一只毛毛虫窝在自己的茧房里，不愿出来，我不知道自己为什么对出头露面毫无兴趣。当外部世界发生变化时，我的内心也开始发生巨大的变化。

这场疫情来势凶猛，危害范围极大——而对我们很多人来说，这也是一次仔细审视自己生活的机会。这是我们不得已按下的暂停键。对我来说，这确实是一次幡然醒悟的契机。我很幸运，没有遭受人生的大起大落，也没有重大疾病缠身，而是利用这个机会放慢脚步，多花些时间反思我的生活。我意识到现在的自己是多么的茫然和封闭，已经彻底迷失了自我。我想彻底改变这一切，摈弃我对成功的传统标准，审视一切，重新开始，明确我的底线，认清谁才是我最亲密的朋友。尽管我开始慢慢意识到自己出现了问题，但仍然非常害怕对外承认这一点。我感到强烈的负罪感。什么叫你的梦想都实现了，但你还是不快乐？我内心有个声音在喋喋不休地指责我：你到底是怎么了？你知道其他人的情况更糟吗？你应该感到幸福。但幸福不是这样的。任何人都不能强求，也不能使用魔法把它凭空变出来。是时候改变我对成功的想法了。我必须摆脱过去的那个自己，这意味着我必须尽全力改变自己，跟过去的生活挥手道别。但是，告别过去那个糟糕的自己让我的内心感到恐惧、不安和痛苦。

我不知道该求助谁，于是联系了一位生活教练。我对她说：“我觉得自己是个工作狂。”她大体问了我几个问题：我是否认为自我价值来自工作业绩？我的自我定位是否与工作密不可分？我是否因为休息而感到内疚？我对自己要求很严格吗？我是否即使在需要休假时也会拼命工作？工作是第一位的吗？我的回答几乎都是肯定的。但是，工作狂通常不都是指那些穿得西装革履，很少待在家里的男性吗？而我是一个作家和创作者，大部分时间都在家工作。我怎么会是这种人呢？更糟糕的是，我记得我听过一个自称是工作狂的纽约艺术评论家的播客，他说他只喜欢和那些能和他谈论工作的人交往，因为他觉得聊其他话题都很无趣。我记得当时我点头表示赞同。天哪！

这本书融合了我的个人经历和最精彩的访谈。我是一名正在康复的“成功上瘾患者”。现在的我已经完全不是过去的那个我了。通过谈话治疗，在生活教练、朋友和家人的帮助下，我从追求成功的痴迷中走了出来。我已经能够非常理解当初自己为什么要披上成功的外衣以掩盖和逃避那些更深层次的问题。我也明白了为什么尽管我已经实现了人生最大的梦想，却仍然从未觉得自己“到达了成功的彼岸”。我意识到，对成功的迫切需求往往掩盖了一些更深层次的问题，而这些问题值得与所爱的人一起探索，通过各种治疗，甚至通过写日记来一一解决（记得要先从写日记开始）。如果我们无法对所拥有的东西心存感激之情，我们的内心就会产生一种罪恶感。这种罪恶感会不断地侵蚀我们，耗尽我们的全部。想要站在聚光灯下被万众瞩目，最终还是被遗忘在角落，这是大多数人的人生。但可以确定的是，我们虽然无法拯救世界，却可以拯救自己。

质疑声起

也许你对这个话题已经有了一些个人看法：成功到底有什么可说的？拜托，别抱怨了，你就不能好好享受一下成功带来的一切吗？难道不是越成功就越快乐吗？用一生去追求传统意义上的成功有什么错？甚至，难道我们不需要一种成功的理念来点燃希望的火种吗？在我拿起笔写这本书之前，这些观点让我犹豫不决，在我写每一章时它们却萦绕在我脑海里。但是我已经充分意识到，延续对成功的刻板印象（比如某个人拥有了某些东西，他们的生活就安定下来了），我们会忽略很多非常重要又常常被人们忽略掉的细微之处。

当然，成功能够在经济、物质和身体等层面上带给我们更多的舒适感。但舒适与幸福是两个不同的概念。我认为解读和分析“成功”这个话题本身，就是一种巨大的特权。我有时间坐下来思考这个问题，并且撰写本书对此进行深入研究，与受访者进行长时间的交谈。如果我是一个终日为生计奔忙的人，就根本没有机会和能力做这些事。我对此心知肚明，而且深有感触。我并没有将撰写本书作为对成功的弊端表达不满的渠道，就像一个不合群的名人在公开场合大放厥词，却丝毫没有意识到麦克风一直开着。相反，我撰写此书是为了深入探讨人们为何难以抗拒成功的诱惑，同时提供一些建议帮助他们彻底摆脱人生的困扰，走出困境。在此，我们可以客观地探讨书中的一切观点。如果可能的话，多年前我就应该撰写本书，当时书架上只有关于拥有圆满生活的完美女性的书籍。了解别人人生的微妙之处和内心的矛盾情绪，可能会让我对自己宽容一点，如果早些完成此书的话，我可能就不会一直失眠到凌晨 2 点才能合眼，整日担心我做的一切都是错的，而其他人做得都是对的；同时，它可能会帮助更多的人重新确立对成功的评判标准，享受实现梦想的过程以及获得成功时的喜悦；又或者它可能帮助我避免因过度劳累而精神崩溃。

我们从孩提时代就开始接受有关成功的各种暗示：表扬、奖励、攀升、喝彩。我曾见过一些 5 岁的孩子在幼儿园就举行了“毕业典礼”，他们戴着迷你学位帽，因其在幼儿园表现优秀而受到表彰。当然，这些时刻能够鼓舞人心，激发斗志，但同时也将我们置于成功阶梯的最底层，成为我们在未来长大后追名逐利的起点。人人都告诉我们要努力往上走，但我们却缺乏面对人生现实的能力。我们不断地进步，取得越来越高的成就，却愈发感到沮丧和失落。的确，梦想与现实不符的事时有发生，当我们终于发现我们对“成功”的追求并没有带给自己满足感时，便禁不住扪心自问：我们追求的目标是否正确？

不同文化背景下的人们对成功的定义各不相同。我为写这本书而向播客嘉宾、朋友和陌生人提出了一系列关于成功的问题，比如“在你成长的过程中，你认为成功意味着什么？”，他们的回答大致相同：

- 拥有物质财富；

- 获得高学历（大学学位）；
- 购买住房；
- 找到一份好工作；
- 找到生活伴侣 / 结婚；
- 生儿育女。

在本书的末尾（请不要提前翻阅！），我列出了受访者目前认为他们所做到的成功的事，这些成功的事是他们在实现了重大的人生梦想后，改变甚至完全放弃梦想后，或将个人幸福确立为人生目标之后所做的自认为成功的事情。当然，我们需要有为之而奋斗的梦想，但在本书中，我将更深入地探讨成功的概念：详细分析盲目的奋斗方式是如何分散我们的注意力，让我们错过更加有意义的时刻的，同时，我也力图寻求一个可以让我们在奋斗的过程中产生充实感的两全之策。我相信，我们中的许多人，比如辛勤的工作者、奋斗者、自称有抱负的人、父母、创意工作者、活动家或碌碌无为的人，他们之所以感到困惑，缺乏满足感，都是因为他们陷入了盲目追求成功的骗局（认为“多多益善”准没错）。在这种骗局中，我们的自我意识不断增强，也的确有所收获，但实际上这些东西并没有对我们的内心世界产生积极或持久的影响。相反，我们应该寻求有效的方法去发现自己内心真正向往的生活，并努力实现它。我们每个人的人生之路各不相同，但我们所受的教育却强迫我们追求相同的目标。如果我们拒绝“正常人”都想要的成功机会，我们就会觉得自己有点儿不正常。

毕加索有一句名言："每个孩子都是艺术家。但问题是他们长大后如何继续保持艺术天赋。"我经常思考这个问题：在艺术之外，在生活中，我们离真正的自己越来越远。在孩提时代，我们就已经拥有自己的天赋，随着不断成长，我们逐渐发现和利用它，但周围的社会环境却让我们离这些天赋越来越远。我们只能在人生清单上列出的寥寥十几种"体面"的职业中进行选择，传统的教育和培训把我们塑造成机器中的一个齿轮。我们在学校读书时就已经踏入一条既定的人生之路。直到经历了"中年危机"，我们才开始意识到自己如齿轮般始终处于机械性的循环状态中。当到达人生的某个阶段时，大多数人都会开始质疑自己所接受的一切教育，质疑这种影响我们一生的"工作就是一切"的理念的合理性。哪些重要的知识我们根本没有在学校学到？我们的父母错在哪里？为什么我们要融入社会，被迫与我们讨厌的一切和睦相处？我们真的必须耗费一生的时间坐在办公室狭小的隔间里，在明晃晃的日光灯下埋头工作吗？我们必须要结婚吗？我们必须要生儿育女吗？为什么我们没有学到更多关于心理健康的知识？我们该如何找到回归自我的道路？

本书将对我们不断被灌输的传统人生目标提出质疑。我们中的许多人都处于盲目而机械的循环状态中而从来不去质疑它的合理性。对于人们来说，拥有光鲜亮丽、令人印象深刻的 LinkedIn① 页面远远胜过拥有

① LinkedIn：即"领英"，面向职场的社交平台。——编者注

自己真正喜欢的生活。大家总是试图给别人留下更好的印象，而不是与自己和睦相处。你用信用卡刷卡消费，虽然在别人眼里显得很有面子，却让你在晚上一个人时倍感还款压力。你会和你根本不喜欢的人一起参加聚会。生活本已无法控制，我们却还在不停地向它施压。这并不是说我们要放弃一切，或者永远不苛求太多，恰恰相反，我们要比以往任何时候都更努力、更认真、更积极地投入自己的生活——但是，要以自己想要的方式，朝着自己认为正确的方向前进。无论你的人生目标是在一天结束时舒适地坐在沙发上喝杯茶，还是攀登乞力马扎罗山，或写一本诗集，或打理一个小花园，或进行一次手术挽救生命，或每周二休息……都应坚守这个原则。嘿！放轻松，世界是一个大的游乐场！做人做事，务必尽兴！

我们应该把这本书当作行动指南，而不是单纯的心灵鸡汤。长久以来，我从阅读书籍、文学创作和开设播客中汲取人生的智慧，充实内心。请跟我一起说：自己的问题必须自己寻找答案，不要总是指望别人。我鼓励大家在阅读本书时学会运用自己的内在智慧进行思考。慢慢读，细细品，心存质疑，慎重选择适合自己的方法——这本书的目的是帮助你重新审视自己与成功的关系。你不会在这本书中找到“所有问题的答案”，因为没有一本书能做到这一点，但它有助于你从新的角度思考成功的标准。你已经找到了人生重大问题的答案，只是可能不确定自己人生之路的准确方向，我们可以跟随自己内心的感觉，一路前行，我们才是最了解自己生活的人，周围的世界太过喧嚣，我们很容易忘记这一点。

现在再写一本关于成功的书，的确令人难以理解，因为自从 7 年前写第一本书以来，我对成功的定义已经发生了很大的变化。我写这本书中的目的不同于我其他所有的书。我内心曾经非常渴望在繁华的城市生活中出人头地。但现在，我却选择了另一条路。我一度以为，衡量成功的标准可以是抬头就能在商店的橱窗里看到自己的书（很遗憾，这种情况很少发生），或者在闪亮的发布会上优雅地品尝一杯香槟（由于新冠肺炎疫情，这个梦想暂时搁浅了），或者登上畅销书排行榜（这曾经发生过一次，我为此参加了一次家庭烧烤聚会，结果下起了雨，香肠都烤焦了）。现实生活并不会因为你达到了事业的顶峰而停滞不前，但我们却常常期望自己一直处于幸福和成功的巅峰状态，这一切都是传统教育使然。当我们没有处在这种极度幸福的状态时，我们会觉得自己失败了或做错了什么，并认为一定是因为我们没有做好充分的准备，所以才失败。但我要告诉大家，事实并非如此。追求完美的成功其实是一个陷阱。

我完全不知道会把这本书写成什么样子，与我以前写的书相比，我不那么太在意它的结果。此刻是周二早上 8 点 10 分，我坐在这里写作，鸟儿叽叽喳喳地叫着。与我过去混乱的生活大不相同，我把一片泡腾片放进一杯水里，轻抿了一口，花园里的树在微风中轻轻摇摆，头顶上隐约可见略显灰暗的云朵。午饭后，我会做一些维持生计的其他工作，也许再看一部电影，然后早早休息。外面原本喧嚣的世界已经安静下来。无论这本书是成为畅销之作，还是最终被扔进垃圾桶，我之后的生活并不会有多少改变。但我将非常享受这个过程，它也会因此变得很有意义。通过写作，我改变了自己的生活，一切变得越来越好。我已经品尝过令人眩晕的成功的滋味，但凡事都有起落，最终都归于平静。我们在成功之前遇到的难题，在我们取得成功后依然存在，甚至会变得更加棘手。而当下我所过的生活才是最值得我珍惜的。清晨的第一杯热茶、一个小时的精彩电视节目、在秋高气爽的日子里戴着柔软的围巾漫步、去酒吧享受烤肉和欢声笑语、亲朋来访、从我家上空飞过的鹦鹉、好友发来的有趣短信、翻阅一本好书……这些事情让我感受到了巨大的快乐和幸福。成功是什么并不重要；重要的是，你要清楚成功对你意味着什么。这本书会帮助你按照自己的方式找到答案。

自从我对成功的认知发生改变之后，我发现许多了不起的大人物成了我的朋友，进入我的生活，周围的一切都变得美好起来，充满了正能量。同样，也有一些不太合拍的朋友失去了联系，各奔前程。我与我所爱的人的感情越来越深。我为自己设定了切实可行的目标，不再痴迷于价值不菲的“身外之物”。因此，我的身体从未如此健康过，每天也不会再感到压力重重。正如精神导师拜伦·凯蒂（Bryon Katie）所说：“我们一生只做 3 件事：坐着、站着、躺着。其余的都是思想和故事而已。”我也想补充一点，除了生存和基本需求，一切（指的是物质与外在追求）都只是一些表面上的东西。我们内心的感受以及所做的事情才是最重要的。

有了这种顿悟后，我发现人们对成功的标准正在发生变化：传统名人文化已然衰落，我们也已摒弃了牺牲幸福只为追求事业的理念，我们都相信成功没有终点，自我本身远比工作更重要，比我们所创造的一切都重要。我们终于做好了准备改变一切，对成功就是“不断努力”的传统观念说“不”，与一味与他人攀比的生活方式说“再见”。

无论别人怎么帮我们，我们都很难弄清楚自己究竟想要什么样的生活。而当我们觉得自己孤立无援时，要做到这一点就更难了。你是否已经做完了一些事情，但仍然觉得缺少了什么？你是否觉得你现在的目标清单有点虚假？你是否觉得真正的满足感总是遥不可及？你是否觉得你已经尝到了成功的滋味，但感觉不太对劲——或者你觉得自己的方法不对，无法真正享受成功的喜悦？那么，你手中的这本书就派上用场了。我真心希望你通过阅读这本书，能学会多角度思考自己的人生，而且真正明白寻找幸福和成功的答案绝非易事。

不用过分在意追求的结果，结果终将逝去，你唯一要做的就是全然地允许，全然地经历，全然地体验。接受人生所有的变化，接受事物的现状，高高兴兴地允许它发生，全然地享受。

——艾玛·加侬

2023 年于伦敦

The Success Myth

第一章

成功无规可循，因人而异

There Is No Success “Formula”

当感觉自己小有收获时，却因为买房、结婚、养孩子一键清零，但我们依然不会停止，于是更加拼命地追求。然而山顶在哪儿，没有人知道。终其一生，只能为了这个枷锁不断重复。

——摘自佚名

其实，我对那些成功速成法很反感。我的第二部书《个体突围》（*The Multi-Hyphen Method*）出版后，很多慈善团体、学校、机关，甚至亚马逊总部等机构，都曾邀请我去演说，向人们简单分享各个领域中成功人士的宝贵经验。传统意义上的成功，意味着拥有更多的财富和更高的地位，总之，一切皆是多多益善。然而这却并非此书的目的所在，本书旨在帮助大家拥有多项技能，能够独辟蹊径地选择多元化的工作方式。我本意并非传授什么成功秘诀，但大家还是一厢情愿地将我看作分享成功经验的导师作家，仿佛我手中攥着成功保险箱的四位数密码，只要我把密码告诉他们，他们也同样可以打开成功之门。这就好比让我打开门告诉房间里的每个人，他们各自适合剪什么发型那么简单。可是我并不知道他们的需求，也不了解他们的过往，甚至都不认识他们。虽然我无法解答“成功方程式”，但我可以带领大家探索成功人士与众不同的做事方式。我不知道那一年我为什么会那般顺利，可能是多种因素共同作用的结果吧，但我并不喜欢扮演“人生导师”或“励志演说家”的角色，也不想成为那样的人。在问答环节，总会有人问我，该怎么做才能成功。这时，我都会把问题抛回去，让他们问问自己。如果你遇到有人表现得好像比你自己都明白该怎么规划你的人生时，那你一定要多加防备了。只有我们自己才是自己人生的唯一守护者。成功的万能公式恰恰忽略了一个关键问题，那就是这个世界从来不会给所有人绝对平等的机会。事业有成的励志大师看起来仿佛都有一套通用成功公式，其实并非如此。

人人都能梦想成真

我在很小的时候就知道“美国梦”这个词。是的，这个词极具诱惑力，意思是任何人只要足够努力，终有一天都可以实现他们想达成的任何目标！“营销成功学”会告诉你，只要你按部就班、遵循“成功公式”，那么终有一天，你一定会过上自己理想的生活，但这个所谓的

“终有一天”就是一个最大的营销陷阱。媒体和广告每天都在我们身边宣传美好生活要靠“成功”，所以也难怪我们会痴迷于破解成功的公式。这看似简单，但前提是我们得知道究竟何为成功公式。“成功”这一话题之所以令人焦虑，原因之一就在于我们都知道成功本来就不公平。对于每一位我们熟知的歌手、球星和演员来说，其实在他们各自的领域都有其他拥有同样天赋的歌手、球员和演员，但由于种种原因，这些人却未能成为世界巨星。对于每一位颇有成就的有色人种来说，尽管他们事业有成，但是他们同样会遭受来自其公司内部的根深蒂固的种族歧视。对于每一位年轻的工薪阶层足球运动员来说，成千上万的年轻人拥有着几乎完全相同的简历，却鲜有人能进入知名球队踢球。世界上有 70 多亿人，大家想要拥有平等的机会，这理所当然。但如果每个人都执着于“任何人都能梦想成真”成为下一个超级巨星，那么他们最后一定会大失所望。问题的症结就在于：我们所看到的是处于社会顶层的一小部分人，过着最顶级的生活，这只是外界想让我们看到的。大家将这种公众人物和他们奢华的生活方式奉为“梦想”，但这种生活只可远观不可近看。“每个人都可以心想事成”的理念不断驱使着我们：拼命地工作、拼命地加班、拼命地消费、拼命地为别人赚钱。

我们可以详细分析一个人成败的原因，其中变量有很多，压根儿没有确切的答案。勤奋、天赋、特权和运气只是部分原因，我们往往很难窥得全貌，因为很少有人会公开承认他们成功背后的所有原因。

我们能否做成一件事，背后会涉及很多因素。整体而言，这个社会仍然是不公平、不平等的，很多事不是我们可以控制的。我并不是指我们一定成不了事。如果那件事是我们的心愿，我们还是应该竭尽所能，放手一搏。比如我写过几部小说，希望将其中的一部拍成电视剧。这件事听上去不切实际，可能需要耗费我十余年的精力，虽然最终我梦想成真，但这却跟我没太大关系。我所做的，只不过是提供了故事素材。我写了这部小说，它问世了，大家能读到而已。后来不知道从哪里冒出一个陌生人，他坐在另一栋办公楼里，琢磨着要不要把小说改编成电视剧，随后所有其他因素接踵而至：才能，时机，资金，运气，恰当的地点、时间，完美不完美暂且不说，最终还是水到渠成了。如果尘埃落定，截止到现在，我实际上几乎没付出过什么。我原本可以不停地写信，给经纪人发电子邮件，每个周末都去见见朋友积累一下人际关系网络，广发邮件广撒网，从行业数据库中查找联系人，然后介绍自己多多获取机会，而就算我这么做，也不能保证我会梦想成真。我们听说过不少这样的故事：某个人坐在星巴克里喝咖啡，突然接到一个电话，从此职业生涯彻底发生改变。勤奋和实现最终目标之间，并不总能画等号，但不得不说，如果不勤奋，就会离目标更远。

我们可以耗费一生研究别人的成功秘诀，或者另辟蹊径，尝试新的思路，运用我们现有的资源全力以赴，并学着享受奋斗的过程。复制别人的成功经验，这是一个常见的错误观念，却催生出完整的“职场成功指南”的课程和图书体系，主题便是“我成功了，所以你也一定行！”

那么，我们该如何着手探索自己的成功秘诀呢？

“拥有一切”纯属无稽之谈

海伦·格利·布朗（Helen Gurley Brown）在她1986年出版的同名图书中创造了“拥有一切”这个我们耳熟能详的短语。在《拥有一切》（*Having It All*）这本书的封底推荐语中有这么一段话：“《时尚》（*Cosmopolitan*）杂志的这位编辑，在如何处理男女关系、性、婚姻、职业，以及如何让自己变得更迷人、赚更多的钱和保持健康等方面为我们提供了宝贵的建议。”如今，我们很多人仍然想掌握这门独家秘籍，但这是不可能的。对我们而言，要做的事情不胜枚举。不管是男性还是女性，我们都面临一种共同的压力，那便是同时拥有多重身份。（有一点值得指出：格利·布朗本身并不喜欢“拥有一切”这个短语，但出版商们对其情有独钟。）

如今的新生代女性在努力摆脱“应该这样，应该那样”理念的束缚，就像是游完泳的狗狗用力抖落身上的水一样。但毫无疑问，我们仍然受到“拥有一切”理念的荼毒。它如影随形，挥之不去。“过好现代生活”的压力就像一座迷宫，变得越来越大，越来越复杂。我们很多人对现状不满，因为选择是无穷无尽的，而他人的成功经验却像一记记耳光，狠狠地甩在我们脸上，让我们倍感羞耻。我们是合格的父母、老板、女儿、朋友吗？我们有没有很好地平衡工作和生活的关系？我们有没有把一切都做得尽善尽美？人们赖以生存的资源日益减少，但是我们还要面对昂贵的育儿成本和教育不平等等一堆问题，这一切我们能否应付得过来？

伊丽莎白·吉尔伯特（Elizabeth Gilbert）是一位提倡创新和自由理念的多产作家，她在《美食、祈祷和恋爱》（*Eat Pray Love*）一书中写道："我感到有必要再痛斥一下'平衡'这个披着羊皮的霸道词汇，因为它每天都在困扰和折磨着当代女性，而且愈演愈烈。经常会有人提醒我们要追求平衡：我们应该竭尽所能地协调工作、家庭、恋爱、健康、幸福，以及精神生活的关系，以实现其微妙的平衡。如今，我们所读到的对知名女性的采访中，无不表达了记者对受访者实现了人生'平衡'的褒奖……翻看这些杂志，你会发现里面刊登着很多教你如何实现平衡的文章。你可要小心了。我担心'平衡'在意思上越来越接近'完美'一词，这是很危险的，因为这两个词语已经成了女性自我攻击或相互攻击的武器。"

对追求完美这件事，我是持谨慎态度的，我不会选择用平衡完美的方式将所有事情做得无懈可击，而是会选择在不同的事情（项目、社交时间、假期以及紧张的工期）上有所侧重，各个击破。有时候，人生本身就是不平衡的，那没有什么大不了。

我采访过很多人，他们的言论大多与这些传统的观念相悖，认为人们可以追求多个人生目标，但根本无法同时做到面面俱到、十全十美。这个结论让我挠破头皮，因为这表明在我们一生的各个阶段中，我们必须有所牺牲，这便是对人能够"拥有一切"论调的最好驳斥。为什么就不能实话实说呢？人生苦短，我们不可能拥有一切。我们没有分身术，不可能同时身处两地。我还很年轻的时候就认命了，知道自己不可能既要又要还要。我也认识到为了过上自己想要的生活，就需要做出牺牲。比如，我一直知道或许我并不想要孩子，这倒不是因为我是个工作狂，只在乎赚钱、实现人生目标（至少现在不那么想了）。人的一生精力有限，所以我们每做一个决定，就意味着要有所放弃。在做某件事的同时，就注定需要放弃另一件；在选择某件事的同时，也意味着不能选择另外一件事。在很多情况下，我们无法选择，因为环境及其他外部因素已经为我们做出了选择。

人生短暂，接受现实，按自己的节奏生活，比试图树立无所不能的完美人设要自由轻松得多。尽管如此，我们依然会对自己无法应对一切而产生内在的羞耻感，特别是女性。我们可以从为什么会产生这种羞耻感和内疚感开始探讨，从同情自己开始。我们可不能再穿着高跟鞋跳着蹩脚的舞步重返老路，至少我们不想这样做。

传统的“成功之路”上的性别限制

英国《星期日泰晤士报》(*Sunday Times*）每年评出的前250名富豪，几乎是清一色的男性，少数女性上榜也通常是因为家庭或婚姻关系的缘故，而不是靠自己的能力和实力。这种巨大的差距，便是被很多人称为“玻璃天花板”的隐形障碍造成的，这仍然是现代社会面临的一个严峻问题，包括母亲在内的广大女性同胞人微言轻，很少得到公众支持，被迫自行解决问题，着实令人心情沉重。根据《经济学人》2022年公布的玻璃天花板指数，美国因为没有提供联邦法规规定的育儿假，所以位次下降到第20位，英国位列第17位。对职业女性最友好的四国分别是瑞典、冰岛、芬兰和挪威。

2021年，泰里·怀特（Terri White）离开了《帝国》（*Empire*）杂志的主编职位，因为该杂志的工作环境没有为像她这样的职业母亲提供发展的机会。让泰里承认一件看起来已经成为“往事”的经历是令人触目惊心的：一位有工作的母亲居然要被迫选择保留工作还是照顾孩子。她在《新政治家周刊》（*New Statesman*）中写道：“在我儿子出生后的前半年，我待在家中。接下来的一年，我重返职场担任一家杂志社的主编。我热爱这份工作，它填补了我人生的空白，这个空白是我儿子无法填补的，当然，这也不应该由他来填补。但是，这个工作缺乏弹性，工作时间也无法调整，我无法继续坚持下去。当我最终选择离开时，我担心的不是租金的问题，而是入托费用的问题。”

女性被挤出职场不仅仅是因为工作缺乏弹性，其实，在我们的文化中一直存在着不平衡现象。男性“权力”总是占据各种优势，顺风顺水，回报丰厚：从现代电影的故事情节到我们晚上给孩子读的童话故事，从希腊神话到重要的历史事件，无一不带有男权的痕迹。这种老套的故事一遍又一遍地上演，已经将“成功”和“胜利”的标准，以及价值观和特性固化下来；更为重要的是，就连权力的类型和成功者的形象都变得程式化了。据《哈佛商业评论》（*Harvard Business Review*）报道：

“与男性相比，女性倾向于列出更多的人生目标，但与获得权力相关的目标所占比例较小。该发现与之前的研究结果一致。相对于女性，男性更热衷于追求和拥有传统意义上的权力（掌控力、决策权、社会地位）。这些差异使得男性有更多的机会在领导层中担任更高的职位。”我们往往会将成功与权力混为一谈，因为这种观念在我们的文化中占据着主导地位。

记得我曾经问过《卡珊德拉之声：当女性成为讲述者，人类故事会改写》（*Cassandra Speaks: When Women Are the Storytellers, the Human Story Changes*）一书的作者伊丽莎白·莱塞（Elizabeth Lesser）关于权力和成功的问题。为什么人们会盛赞男性的“权力”（比如强大的领导力、果断决策、竞争力等），却常常无视女性独有的特质（母性、社区意识、温柔特质）呢？她回答道：“自古以来，人们总是倡导男性应该具有男子气概，拥有男性特质，比如坚忍克己、勇士精神和崇尚暴力。至于为什么女性的各种成功故事鲜有人称颂，我试着从历史中寻找答案。但纵观全球，在从古到今无数的冒险故事和领袖的史料记载中，我们发现权力、成功与统治、侵略之间紧密相连；领导力则与尚武精神密不可分，女性的声音和重要性毫无存在感。如果女性的高情商、独有的亲和力以及其受人尊敬的养育者、治愈者、母亲和老师的身份和价值观能够在引领人们追求成功和权力的道路上发挥重要的作用，那么人们对成功的理解会不会大为不同？”我很喜欢这个问题：如果我们换一个视角去看待成功的标准，打破其刻板印象，会是什么样子呢？

研究证明，由于雌性哺乳动物与雄性哺乳动物存在着生理差异，所以其应对压力的方式差别较大。谢利·泰勒（Shelley Taylor）是加利福尼亚大学洛杉矶分校（UCLA）的一名科研人员，她创造了“照料加帮扶”这个词条，来解释雌性哺乳动物更倾向于采用一种“养育式”的方式来应对压力，而雄性哺乳动物则会用“打不过就跑”的方式来解决。“照料”是指保护后代，确保弱者安全，“帮扶”是指向社会群体或群落求助，实现集体防御。根据个人经验，在美国的企业界普遍存在这种情况。许多与我合作过的女性领导者在应对压力危机时，所采取的方式是努力在工作场所和团队中营造一种团结的氛围和归属感，而不仅仅是居高临下大呼小叫地下达命令；或者从老板的角度耐心地指导员工行使个人职责。“照料加帮扶”模式虽然不同于传统手段，但是它具有极其强大的力量，而且成效斐然，因为这种方式注重群策群力、团结创新，增强公司的凝聚力。当然，该研究仅将数据归纳为二元对立的两个方面，在性别方面存在着一定的细微差别。我们应该学会以多种形式将“成功”和成果展示出来，这一点非常重要。一生中，我们体会成就感的方式有很多，无须受到条条框框的束缚。

当然，成功的概率问题也很重要，我们有必要明确一点：以男权思想为主导的历史书籍中所记载的资料自始至终是对男性有利的。我们不可能拥有一切，特别是当我们的资源与男性不对等时。我们能做的便是充分利用手上的资源，认清现实，稳扎稳打。这跟女性能力强不强关系不大，主要是因为在现代职场和政治领域，男性独有的“控制欲”特质使他们拥有强大的资源优势。我们的共同目标是让每个人发挥自己的优势，闯出自己的一片天地。正如伊丽莎白·莱塞所说，我们要改变现状，“进入 21 世纪，男性必须像女性一样渴望改变”。实现这一目标的关键在于不应将其视为一项义务、一种负担，或为此必须放弃什么，而是应该持有一种更为包容的态度，造福全世界，造福子孙后代。

我问莱塞在新冠肺炎疫情后或不远的将来，男女之间成功的机会会不会变得更加平等，她深知困难重重，但仍持乐观的态度。“疫情加速了这场变革，我们所有人必须确保这种变化不偏离航道。我深深希望男同胞们能勇敢地接受具有女性特质的语言和性格特征，比如情感、共情和沟通；我深深希望女同胞们能重拾一度被贴上男性标签的性格特质，比如野心、自信和权威。但我最期望的是，男女同胞们能兼收并蓄，都能拥有这些美好的品质。”

兼收并蓄意味着我们要吐故纳新，意味着不同的家庭、不同的夫妻对“成功”都有不同的标准，我们无须恪守统一的标准。

特权和成功

2000 年至 2009 年间，作为职场上的年轻女性，我饱受打击和挫折，但我也在其他方面拥有了一定的优势，这一点我必须承认。我二十冒头的时候，有人建议我“看看自己有哪些特权”。起初，我并不知道这是什么意思。我将贵族阶层的优雅气质同特权联系到一起，所以我的第一反应是有点排斥的。我没上过寄宿制私立学校，不认识任何伯爵，我说话也不像 2008 年优先权车辆保险广告中的乔安娜·拉姆利（Joanna Lumley）那样迷人。我觉得自己的成长经历很普通，十几岁时便在暑期辛辛苦苦地打零工；在成长过程中，我也不认识任何作家或名人！我知道，我还小，我还有好多东西要学。

长大后，我陷入“炼狱式”的工作模式中，相信自己通过打拼可以获得一切，相信仅凭自己的努力、恪守“职业道德”便能成功。在这种状态下，我们会坚信通过自己的坚持和天赋，就可以拥有一切。[专家们称之为“自我提升偏误”（self-enhancing bias）。] 事实上，我一直有很多的“特权”。我一直清楚，就算四面楚歌我也有稳定的居所。家人在我读大学时能给我提供资金支持。我是在爱和赞美中长大的。我身体健全，是一个生活在西方国家讲英语的白种人，机会很多。虽不敢说事事完美，但我人生的起点有明显的优势。我不否认我的努力也很重要，我只是得承认在这种优势下我的努力更容易让我出人头地。社会中固有的偏见反而为我打下了坚实的基础，让我受益匪浅。所以我承认要谈论成功，“特权”也很重要。

当前的社会体制无法让所有人拥有相同的起点。有些人很幸运，借助自己的性别、裙带关系、人际关系或家庭财力等优势比他人更容易实现目标。我认识一个朋友，她想创建自己的旅行博客。为了获取素材，她自费参加了一次豪华的环球之旅，前往不同的美丽海滩，用昂贵的相机记录自己的所见所闻。对这样一个特定的小众职业而言，如此梦幻的开局是很多人可望而不可即的；单单是打好必要基础这一点，对很多人来说几乎是不可能或很难实现的。有无数企业的创始人通过亲朋好友融资筹集到企业的启动资金，这比那些白手起家的企业家要占尽优势。许多大公司的实习生通常是通过家人朋友的关系进入公司的。当你在网上查看一部电视剧中的新演员时，赫然发现该剧制片公司的老板便是该演员的父母。

咖啡杯和 T 恤衫上经常印着各种励志名言，其实像“我们每个人都和碧昂丝（Beyoncé）一样每天拥有 24 小时”这样的心灵鸡汤是很有误导性的。这些年来，很多人也指出问题所在：虽然生活在同一个地球上的我们和碧昂丝一样每天拥有 24 小时，但是有一点很重要，那便是我们没有碧昂丝的才华，也无法拥有碧昂丝独有的生活方式，以及她强大的幕后团队。我们拥有和她一样多的时间，并不意味着我们能取得和她一样的成就。这种激励人的方式是荒谬的，这句话被奉为金玉良言也很令人费解。

误区：努力就会成功

2021 年 12 月，《爱情岛》（*Love Island*）真人秀明星、时尚品牌 Pretty Little Thing 的创意总监莫莉-梅·黑格（Molly-Mae Hague）在《龙穴》（*Dragon's Den*）节目的当家明星史蒂文·巴特利特（Steven Bartlett）主持的“首席执行官日记”（The Diary of a CEO）播客中露

面。在采访中，她谈到了她的职业生涯、工作态度、商业策略。她在年仅 22 岁时就积累了数百万的财富，并吸引了数百万年轻人成为她的忠实粉丝。她说她相信每个人都有能力去做自己想做的事情。她认为所有人都能实现心中的梦想，她说："我知道我们所有人背景不同，成长环境各异，而且经济状况也不尽相同，但如果你有足够的动力，你的梦想就会实现。"这句话听起来的确非常振奋人心，我也曾经认为只要努力工作，任何人都能梦想成真。我也理解她为什么这么说，不过她这番话有很大的漏洞：要知道，做成一件事需要多方面的因素共同作用才行。如果一个人只要凭借足够的渴望或愿望，就能够实现他的目标，或者等量的付出会带来等量的成果，那么这是否意味着那些没有过上自己理想生活的人工作不够努力？当我们说"如果你足够努力，就能实现梦想"时，就意味着我们只要套用公式（付出 X 小时 = 收获 X 成就）就能梦想成真，但事实并非如此。

我的一位朋友几年前曾在市中心一家咖啡店轮班，她坦言自己当时的工作远比她写手头这本书要辛苦得多。"努力工作"因人而异。金·卡戴珊（Kim Kardashian）近期因在《综艺》（*Variety*）杂志中说过一句话而受到舆论指责："我对在商界打拼的女性有个极好的建议，那就是别赖床，起来干活，但最近似乎没人愿意工作。"在我看来，并不是大家不想努力工作，而是待遇不公。像莫莉 – 梅和卡戴珊这样的人，或许在创业方面确实有天赋，但这并不意味着她们工作就比别人努力。承认自己在某些方面很幸运，并不是件坏事，也不会让人心生不快，毕竟，人在一生中总有走运的时候。

“工作”的种类很多，极具迷惑性。如果努力工作能够和百万英镑画等号，那么上夜班的护士们就都会是百万富翁了。像卡戴珊这样的大名人，可能在创业方面确实更加精明，可这和起床工作存在巨大的差别。对于社会上那么多埋头苦干的人来说，卡戴珊的这番话过于草率，确实让人难以接受。如果将所有的成功全部归因于努力工作，就会让那些尚未取得巨大成就的人纷纷自责，认为自己没有成功是因为没有充分利用每天的时间，或是工作不够努力，从而掩盖了大环境下个人在社会和经济层面上的差异。

哈希是以儿童难民的身份移民到英国的，他后来成了伦敦第五大律师事务所（No5 Barristers Chambers）的大律师。他对努力工作和成功的关系有着独到的见解。他的成功可以说是一场逆袭之旅。在他著作的推荐语中有这样一段拷问灵魂的话：“在当代英国，成功的代价是什么？作为政治家，他们会告诉你要努力工作；作为富豪，他们会告诉你要靠天赋；作为首席执行官，他们会告诉你是靠奉献。但如果这些因素远远不够呢？”因为哈希对这个话题很有发言权，我想问问他为什么觉得分享自己的奋斗史很有意义，他认为“如果某人成功了，那么我们所有人都能成功”的言论害人不浅。他在我的博客中解释道：“人们从少数成功的例子出发，对成功产生了不切实际的臆想和错误的理解。”他说，“像我这样的故事，或者其他靠自我奋斗逆袭的故事，被少数成功人士依照现行的成功标准灌输给读者，其实无异于给渴望成功的人当头一棒。”他还解释说，我们不太关注成功背后诸多的不可控因素，比如勤奋的足球运动员、篮球运动员、一级方程式赛车手、资深银行高管和大牌律师等人能挣得“天价薪酬”，实际上也只是近些年才有的。尽管如今这些高薪工作可能被视为事业成功的典范，但在几个世纪前，这些职业根本无法与现在同日而语，根本不会给从业者带来巨额财富和社会地位。因此，成功与运气、时机和环境都息息相关。

在我们当前的社会环境中，像莫莉-梅这样有才华、肯打拼的人可以取得了不起的成就，但这些机会也可能落在与她类似的人身上。我对自己的职业生涯持有相似的看法。我一直很努力地工作，也自认为有一些天赋，但我相信成功的背后必然存在着我们无法控制的因素。我并不是对自己的成功不屑一顾，而是在审视我成功的原因。这一点我觉得很多人都应该像我这样善于反思。为什么我会成功？这全靠运气吗？我每天都像金·卡戴珊一样起床并“努力工作”，我一旦开始动笔就停不下来，每天都写到深夜。但我并不是唯一努力工作的人。世界上有一些人比我工作更努力，比我更有才华，但他们并没有取得我现有的成就。所以说，成功并没有绝对的公式。

我还向哈希询问了在这个由运气、特权、努力和才能组成的轮盘游戏中，他认为哪些因素会起最关键的作用。我们能否准确判断某人成功的原因或途径？这是个不可能完成的任务吗？他给我分享了康奈尔大学（Cornell University）教授罗伯特·弗兰克斯（Robert Franks）在其著作《成功与运气：好运和精英社会的神话》（*Success and Luck: Good*

Fortune and the Myth of Meritocracy）中所阐述的运气在人一生中的作用："他建议在自力更生的人面前永远不要提运气，因为很多自力更生的人会很激动，言之凿凿地说这与运气无关。他解释说，运气有点儿像骑自行车，如果逆风爬坡，你得拿出吃奶的劲儿，你会觉得命运对你不公，给你拖后腿，你用尽全力，感到精疲力竭，你不得不左扭右转减轻阻力；但如今你开始下坡骑行，又恰好是顺风，你不需要那么吃力就可以飞奔而下，全然不像刚开始那么费劲了。这便是对运气的一个生动诠释。"他接着弗兰克斯的类比说道，"等你拐过几个弯不久之后，你便很快忘记运气的存在。你大概率会说骑着自行车下坡全靠自己的努力。"这也解释了为什么在社会和日常生活中，我们更容易注意到自己的霉运，因为我们需要直面厄运。人类有一种消极偏见（negativity bias），即更容易记住发生在自己身上的不幸事件。这种事一而再，再而三，反复发生。哈希说："当好运降临时，我们往往会忽略或低估其作用，更愿意相信这是因为我们的决心和努力使然。"这是真的。我承认当事情进展顺利时，我倾向于认为是我做出了明智的决定，但进展不顺利时，我会有那么片刻先去找外因给自己开脱。

回顾过去，我原本以为为女性赋能的事实际上让我们曲解了成功的概念。在成长过程中，周围的人会鼓励我们要对自己的成就感到自信，不要贬低自己，但我们从未停下来思考运气在其中的作用。"女孩们，你们不是幸运，而是因为努力才有今天的成就！"一位杂志社的老编辑曾在会议室对新入职的员工这样说。我们压根儿不能提幸运二字。但现在，我敢大胆地承认我是幸运的。而且我也敢说我的运气带来了新的好运；我的工作带来了更多的机遇；我的“特权”是多种因素共同发挥作用的结果：社会经济优势、父母的支持（一是情感上的支持，二是我搬到伦敦后第一年的经济支持）、接受过公立和私立教育的经历、亲戚的鼓励、对写作与生俱来的热爱、伴侣的支持。这一切都让我内心充满自信，所有这些都是“特权”，或是好运，不管怎么称呼，意思都差不多。在这里同大家分享这些，不会给我带来伤害，也不会夺走我的任何成就，如果我把它藏在心底，就不会给任何人带来帮助。如果不承认运气的存在，不认可运气在我的“成就”中发挥作用，那就大错特错了。

我们每个人都有自己的各种“特权”。我们成长的环境可能会对我们有帮助或者造成阻碍，这取决于我们用什么样的视角去看待自己的成长环境。对有些人来说，住豪宅可以让他们舒舒服服地在家从事自己喜欢的工作。有些人可能觉得住在自己不喜欢的房子里，能成为他们改变现状的强大动力。有些人可能会喜欢单身，这样会更自由一些，有精力去实现自己的抱负；有些人可能会觉得有伴侣的支持是一种优势。有些人之所以成功，是因为他们没有父母的支持，不得不更加努力地工作，从而实现逆袭；而有些人之所以成功，是因为他们得到了父母情感或经济上的支持。这都没有定数。我们每个人的动机和目标都不尽相同。

我们每个人都有自己的特权，但我们可能从未仔细想过。《英国医学杂志》（*British Medical Journal*）的一项研究指出，个子高的人更容易成功。《牛津经济与统计公报》（*Oxford Bulletin of Economics and*

Statistics）发表的研究显示，求职者如果姓名发音简单、听上去普通，更有可能进入面试阶段。

重要的一点是，我们要承认自己在哪些方面受益，在哪些方面获得了阶梯式的提升；然后能利用这些知识，光明正大地去帮助他人。如果成功对你来说阻力较小（即你没有经历过性别歧视、能力歧视等），那么你可能会在成功之路上走得更加轻松一些，因为在你事业的早期，你有更多的资源和途径可以选择。

如果人们在自己的职业生涯中处于劣势，可能就不会对作品的反响如此淡定。不同的员工对同样的风险接受程度是不一样的，某些员工可能出于经济原因亟需项目成功，而不是情感或个人原因。你可能需要加班加点或者做兼职，因为你需要用赚到的每一分钱来养家糊口。我们要反思这一点，并对促成我们个人成功的因素保持清醒的认识。我们每个人都是平等的，但我们又不尽相同。承认我们并不是生活在一个精英社会是很重要的。不过这也有积极的一面：我们可以调整好心态，采取行动来缩小差距，规划自己的人生道路，让自己离成功更近一步。我们可以选择牢牢掌控自己的人生，尽自己所能去实现梦想。

尽管我们生活的社会还存在许多鸿沟，但互联网在营造更加民主的竞争环境方面起到了改善作用，这一点是肯定的。随着门槛的降低，在新兴技术、开放平台的助力下，我们现在比以往任何时候都更容易获得机会。我们可以在没有传统决策者许可的情况下有所作为或开创一番新事业，而且成功的方式更加多样化。

因此，虽然传统上的连接是成功的重要因素，但如今，连接不一定是指你认识谁，而是指巧妙掌握获取知识的方式。

人际关系

在《泰晤士报》（*Times*）的一篇文章“为什么生活中的成功是可能性的艺术”（Why success in life is the art of the possible）中，詹姆斯·马里奥特（James Marriott）提出了一个观点，解释了为什么“想象中的接近”是成功的关键。接近某位成功人士，或是知道某位成功人士是做什么的，可以让你觉得你也可以成功。最小的灵感可以成为迈向成功的第一步，或者埋下一粒成功的小种子。但如果你从来没有遇到过可以向你展示成功是什么样子的人，你是无法想象或梦想到你也可以成功的。就像这句老话，“看得见，才能摸得着”。他举例说，巴拉克·奥巴马的父亲是肯尼亚的一名政治家，因此奥巴马也踏足了美国政坛；莫里西（Morrissey）离曼彻斯特音乐现场的距离很近，这激发了他录制自己音乐的灵感。

我自己的人生经验证明了这一点，你会受到身边人的影响。我听过无数遍我的父亲辞去工作，顶着巨大财务风险去创业的事迹。我的父亲敢想敢干，并靠自己的双手实现梦想的成功范例，已经深深根植在我的脑海中。在文章的结尾处，马里奥特写道：“当然了，大多数人的成功都需要靠金钱、人际关系、才智，或者有权势的亲戚的帮助。但倘若没有这些优势，想象力也并非一无是处。”即使你没有那些难以捉摸的社会关系，互联网也会让你更容易找到志同道合的人和好点子，可以激发你的想象力。它拉近了我们之间的距离，“朋友的朋友的朋友”可以帮助我们改变生活。通过在线观看图片或收听访谈节目，我们可能会被激发更大的梦想。就在此时此刻，一粒成功的种子很有可能已经深埋在我们心中。不论如何，走出去，建立自己的人际关系，远比等待着天上掉馅饼更能令人感到踏实和满足。

裙带关系很容易让人感觉不适，原因很简单：最大的原因就是不公平。“星二代”这个词在 TikTok 上经常成为热点，当人们了解到他们最喜欢的 Z 一代演员有著名的好莱坞父母时，他们十分吃惊。尽管传统的裙带关系确实可以在理论上帮人们取得“成功”，但这并非易事。莉莉·艾伦在其 2018 年的回忆录《我的想法》（*My Thoughts Exactly*）中审视了裙带关系和成功之间的关系，并详细讲述了她成功的心路历程，这与她的父母是谁，与他们的帮助无关。在提到经常与她一起玩的西伦敦超级富豪的孩子时，她说：“他们似乎都有一个明显的共同点，那就是厌倦享受特权和缺乏人生目标，这就是信托基金孩子的特点。”要想获得真正的成就，你需要接近成功，并渴望依靠自己取得成功。裙带关系确实可能是一条出路，但它无法陪我们走到底。因此认为有裙带关系就能成功是一个认知误区。

事实上，当名人的孩子也并非易事。在 1995 年《今日心理学》（*Psychology Today*）的一篇文章中，玛丽·洛夫图斯（Mary Loftus）提

到了作为 名人孩子的好处和弊端。她提到了“失阶症”（Dysgradia），即一种在行为和收获之间完全缺乏联系的综合征，患者觉得没有任何的内在动力，因为即使他们不努力，仍然可以获得需要的任何东西。他们的“成功”是从裙带关系中继承的，实际上不是他们自己获得的，这会让人觉得自己没有价值。但具有讽刺意味的是，他们在自己擅长的领域内并不是很成功。布鲁克林·贝克汉姆（Brooklyn Beckham）的摄影书大受吹捧并不仅仅因为其艺术性和创造力，更主要的是因为他是“前足球运动员大卫·贝克汉姆和时尚设计师维多利亚·贝克汉姆的儿子”。撇开这本书的好坏不谈，人们很难把布鲁克林同他成名的垫脚石（也就是裙带关系）剥离开来。我们无法忽视这样一个事实：他没有像其他创作者一样靠传统的方式获得成功。裙带关系和特权当然可以让物质生活更富足，帮助我们更快地登上人生“顶峰”，但这可能不会带来满足感。我们渴望按照自己的方式实现自己的目标，这一点我们大多数人都赞同。所以，就算你觉得自己远远落后于那些已经赢在起跑线上的人，依靠自己的能力取得成功仍然会让你更有成就感。

韶华不问岁月长

这个世界一直灌输给我们一种观点：年轻是一种特权。抗衰老产品遍地都是。一旦我们不再有水嫩的肌肤和明亮的双眸，我们就会觉得自己因为年龄而处于劣势——这可不仅仅是偏狂。我们都知道获得奥斯卡大奖的电影导演达米安·查泽勒（Damien Chazelle），在凭借《爱乐之城》（*La La Land*）获得最佳导演奖时只有32岁；扎迪·史密斯（Zadie Smith）在21岁时写了《白牙》（*White Teeth*）；米莉·博比·布朗（Millie Bobbie Brown）在14岁的时候已经有了1800万粉丝。别误会我的意思，鼓励年轻人要努力奋斗意义重大，尤其是在社会活动、扩大影响力和推动变革方面。我们需要为艾米卡·乔治（Amika George）（经期自由“Free Periods”组织的创始人）、冈萨雷斯（Gonzalez）（美国枪支管制的倡导者）和马拉拉·优素福扎伊（Malala Yousafzai）这些激励全球数百万人为争取美好生活而努力的年轻人喝彩。但长期以来，社会一直在赞美和迷恋年轻人，而实际上，我们年轻时事业才刚刚起步。这一矛盾带来的后果很危险：根据CV-Library（英国最大的招聘网站之一）的数据，在55至64岁的人群中，85.3%的人说他们在工作场所遭遇过年龄歧视。

多年来，福布斯富豪排行榜30岁以下前30名得主，一直是千禧一代成功人士的代名词。但最近，越来越多的人公开对其嗤之以鼻。2018年，当时我28岁，我记得我在福布斯宣布名单的前一天晚上熬到深夜，因为我知道名单会在午夜0:01公布。我期待着能够榜上有名，因此兴奋异常，难以入眠。我在想，如果我榜上有名，我的人生将会在一瞬间彻底发生改变。名单页面刷新了，“艾玛·加侬”的名字赫然在目。

当我受邀参加在伦敦举行的福布斯30岁以下前30名“榜上人物”庆典时，我既紧张又兴奋。我有点儿局促，但是我知道这是一个“引人注目”的高光时刻，这会帮助我吸引新客户。我带了一个团队成员共赴庆典，因为我知道我们会面临一大堆“你是做什么的？”之类的问题。当你和陌生人交流时，这些问题总是让人觉得带有目的性，而不是社交性。当我们到达苏荷区（Soho）灯光昏暗的豪华酒吧时，我们收起外套，穿过喝着鸡尾酒聊天的人群。我们站在那里，向依稀认识的几个人打招呼。我们走进拍照亭来打发时间，拍了一些滑稽搞笑的照片。稍后，一名男子来到了舞台，操着美国口音用麦克风说，我们是“坏蛋”和“酷毙了的家伙”，我们将“接管世界”。

我们是幸运的，可以进入这个特殊的俱乐部，被视为精英群体受到款待。但这让我感到很不舒服。那天晚上我回到家，和男朋友（现在已经是丈夫）坐在沙发上，扪心自问，这究竟是怎么一回事？这只不过是一群人在酒吧里喝得烂醉。这不是……真的。我根本没有实现任何真正的社交。在一个随意的“榜单”上名列其中，被人拍拍后背，然后接受别人的赞美之词：“干得漂亮，我们（榜单评选人）现在认可你了。”不过如此。你会意识到，经历了这一切之后，你发现它并不是*你*想要的那种认可，“榜单”并没有给你带来满足感和成就感。再多的外界认可，也如隔靴搔痒，该痒还是会痒。所以我们期待的认可肯定来自别处，来自更有意义的领域。

30岁，我们的人生才刚刚起步。这是事实。我们都知道，伟大事物的诞生都需要历经一个长时间的孕育、升华、成熟和发展的过程。生活在一个追求即时快乐和“满足感”的世界中，我们不应该为谁最快到达终点而喝彩。事实上，这听起来像是一场恶性竞赛。有这种想法的人不止我一个，埃里克·霍尔（Erik Hoel）在他的文章《福布斯 30 位 30 岁以下精英榜是一场尴尬的自我展示》（*Forbes 30 Under 30 is an awkward ego-fest*）中也分享了类似的观点，他说公布该榜单不只是为了庆祝成功，也是《福布斯》的一个重要营销工具……

我不怕变老；事实上，我欣然接受变老。创作者和艺术家们往往只会随着年龄的增长而变得更有竞争力。几年前，我为泰特美术馆（Tate）制作了一部迷你音频纪录片，并前往圣艾夫斯（St Ives）拜访了芭芭拉·赫普沃斯（Barbara Hepworth）等在当地引起轰动的艺术家。出于研究的需要，我去巴努恩（Barnoon）公墓寻找画家阿尔弗雷德·沃利斯（Alfred Wallis）的墓碑，站在那里俯瞰海滩。他的墓碑非常显眼。他去世时还没有靠画画赚到多少钱，是他的朋友们凑钱为他举行了一场盛大的送别仪式。他的墓碑上覆盖着带有精美彩绘的瓷砖，上面画着一个人正在进入灯塔，象征着生命的结束。圣艾夫斯的泰特美术馆高调且自豪地向公众展示阿尔弗雷德·沃利斯的作品，然后，把他的画作永久性地陈列在馆中，供世人欣赏。后来我才知道，他是在 70 多岁时才开始画画的。成功的人生，永远不怕晚。

逆势者的魅力

正如我上面所概述的，没有所谓的成功万能公式，因为每个人都有各自的人生道路，而且运气也并不一定总是那么好（当然，在某些情况下我们可能非常走运）。我采访过 400 多名播客嘉宾，在采访时，我突然发现一件事：这些嘉宾事业有成，但是没有一个人遵循固定的公式，相反，他们是凭借自己独有的特长和独到的见解才取得了显著的成就。我原以为我能从我的客人那里获得成功人生的“诀窍”，但最终意识到，通往成功大门的并不只有一条路，我的许多假设其实都是不切实际的神话（因此，我决定动手写这本书）。

但是，尽管他们的成功之路千差万别，我还是注意到了其中一个共同点：他们挑战传统智慧，对事物持有不同的观点，特立独行，从人群中脱颖而出，为自己开启了成功之门。

在字典中，逆势者被定义为“反对或拒绝接受传统观点的人”。不管出于什么原因，这类人都会主动出击，努力实现目标。我特别喜欢企业家和投资人纳瓦尔·拉维肯特（Naval Ravikant）对逆势者的定义：“逆势者不总是持反对意见——那是另一种形式的墨守成规。逆势者会追本溯源地独立思考，拒绝随波逐流。”

他们的自信带给他们好运和成功。这并不意味着他们比别人更具天赋或“比别人强”，但是他们都拥有一种信念，激励他们不断尝试，乐在其中，直至成功。他们坚信自己所走的道路是正确的。他们拥有强烈的内驱力，善于倾听自己内心的声音，相信自己的直觉，遵从自己的本心。就像为了尝试自己的商业理念而辍学创业的企业家一样，逆势者的态度也是一种顽强且锲而不舍的精神。

需要注意的是，这并不意味着要不惜一切代价、不分昼夜工作——因为，在某些情况下，这是行不通的。但是，要想在生命中以你想要的方式取得成功，就意味着要将外界和他人对你的看法放置一旁，拒绝违心之事，遵从内心的感觉，它会告诉你该往哪个方向走。这就是为什么许多成功人士一开始经常被人嘲笑有点“落伍”——因为他们选择的道路与普通人的理念背道而驰。他们往往不走捷径，而周围的人常常会劝阻逆势者，希望他们能够回到舒适圈。

瑞士精神病学家卡尔·荣格（Carl Jung）在他的书中使用了“shadow”（影子）一词来描述那些不完全接受或承认自己内心感受的人。茱莉亚·卡梅隆（Julia Cameron）曾经说过：“一个人若想成为真正的艺术家而不是影子艺术家，靠的往往是胆量，而不是天赋。”

大胆突破传统观念与我们年轻时所受的教育正好背道相驰。世俗告诫我们要遵守规则，保持安静，不惹人厌，要墨守成规，专注执着，心无旁骛，然后我们就会成功。如果我们做到了这些，我们就能升职，就会到达心之彼岸。但实际上，这与社会事实相去甚远。讽刺的是，你越是恪守传统的成功信念，就越不可能取得成功。成功是要跳出条条框框去思考，远离别人对成功的定义，找到最有价值的独一无二的成功机会。成功的人是那些敢于冒险而不退缩的人，当其他人都在力图抓住转瞬即逝的时机时，他们会另辟蹊径，寻找成功的机会。成功人士通常是机会主义者。重要的是，他们非常了解自己，知道什么是适合自己的机会，而不仅仅是通常所说的“好机会”。

逆势者质疑一切，不随波逐流。我知道你可能在想什么：我们不可能都是逆势者，否则世界将四分五裂。人们并非要做一个彻头彻尾的逆势者，我们只需要稍稍改变一下自己，选择更适合自己的生活，能更好地满足自己的需求。学着打破常规，哪怕只有一点点；把你的需求放在首位；不去理会“应该做什么”的世俗看法。即使我们没有打算取得令人瞩目的辉煌成就，或者不愿意每天都这么逆势而为，我们仍然可以从逆势者身上汲取宝贵的经验。我们所有人都可以审视自己的生活，尝试改变一些小事情。这就像向你的老板建议采取一种不同的会议方式那么简单。或者，如果你是个体户，可以尝试一周只工作 4 天。你可以举办一场不同寻常的婚礼，或者决定移居国外，或者在家办公时，每天坚持散散步，舒活一下筋骨。

在生活中做一个逆势者，可以让我们在细微之处拥有满足感，干劲十足。例如，拒绝家人希望你做的事情，拒绝做会带给你压力或感觉不舒服的事情，或者拒绝做你所有朋友都在做的事情——这些看似微不足道的事情，都能让我们找回真实的自我。人追求自己想要的东西，不应该被视为过度叛逆。当我们说“不”的时候，或者当我们拒绝我们“应该”去追求的事物或者我们“真正”想要的事物的时候，我们常常感觉自己像是离经叛道。要记住，我们应该更加关注自己内心真正渴望的东西，我们可以与他人分享、大声说出来或写下来。加州多明尼克大学（Dominican University of California）的心理学教授盖尔·马修斯（Gail Matthews）博士做了一项研究，发现“只要每天把目标和梦想写下来，你实现它们的可能性就会提高 42%”。

重要的一点是，逆势者并不意味着过于自私或以自我为中心，而是指按照自己的想法采取全新的方式进行优化和改善。一般来说，当我们自己的生活质量提高后，我们就会下意识地帮助他人过上更好的生活。

有些人可能认为，如果更多的人选择冒一点小风险，社会就会陷入彻底的混乱，但事实并非如此。相反，我认为我们会变得更具有开拓精神。新发明、新建议或新实践能够推动社会不断进步，我们也会感觉自己的生活更加幸福，同时，这也会有利于经济的发展。卡巴斯基实验室（Kaspersky Lab）的一项最新研究显示，1/3 的英国员工认为如果他们在工作时敢于冒更多风险，他们就会离梦想更近一步。他们心里都清楚冒险是值得的，即使他们从来没有尝试过。其中 45% 的人说他们一生中冒的风险不够多，而是过于谨慎，视冒险为洪水猛兽。我们的社会不鼓励冒险，所以我们习惯于退缩和规避风险。这是一个恶性循环。合理而且符合逻辑的道理有时会让我们感到害怕，虽然克服这些恐惧并非易事，却会对我们大有裨益。颇具讽刺意味的是，人类其实拥有惊人的适应能力。风险越大，适应能力越强。哈佛商学院（Harvard Business School）2018 年的一项研究显示，在被解雇的高管中，很大一部分（占比 68%）高管在 6 个月内找到了新工作，另外 24% 的高管在一年内找到了新工作，而且 91% 被解雇的高管的现有职位与原有职位相似甚至更高。我听过无数人在被解雇后反而成就大事的例子。而那些面对挑战，勇于尝试、主动试险的人则会受益更多。我们往往会低估自己的适应能力和韧性，所以我们很难违背自己的意愿，常常忘记自己也曾化险为夷，绝处逢生。

既然我们已经看清了这些现实，那么我们该如何才能勇于承担风险，朝着我们内心渴望的成功前进呢？最重要的一点是要搞清楚阻碍我们前进的外在因素（比如我们缺乏特权）和内在因素的区别。我们需要采取多种手段解决自身的问题。例如，慢性疲劳综合征（chronic fatigue syndrome）与冒名顶替综合征（impostor syndrome）是两种完全不同的病症。一种是真实的外在病症，另一种则是内在的心理病症。ACT（接受与承诺疗法）心理学家称这两种类型的病症分别称为“纯净型”痛苦和“浑浊型”痛苦。“纯净型”痛苦是外界刺激对我们造成的情感上的痛苦，“浑浊型”痛苦是我们的内在思想带给我们的情感伤害。逆势者善于分辨二者的区别，能够区分出什么是真正的阻碍，什么是我们内在的心魔。

如果是你的想法，而不是某种实际发生的情况阻碍了你下一步的行动，这种现象被称为“限制性信念”。限制性信念是一种精神状态，或是一种你认为是正确的想法。它会在某种程度上限制或阻碍你的行动。我们大多数人对自己的生活以及自己能做什么或不能做什么，都有某种限制性信念。

- “我不能辞职”；
- “我不够好”；

- “我找不到更好的工作了”；
- “我被永远困在这里了”。

这些都只是个人的想法，并非事实。某些信念在我们的心里根深蒂固，以至于我们把它们当作不争的事实。我们总是在没有真正了解真实情况时评判别人。我们会因为某人在公共汽车上大声喧哗、插队，而对他做出评判，甚至会根据他们的穿着对他们做出猜测——认为他们会毁掉我们一天的好心情。我们的想法可以转变为一个完整的推断。但是，即使这些想法看起来像是事实，其中也存在着“漏洞”，我们可以着手对其进行研究，从而制定一个计划、找到一条出路或者一种扭转局势的方法。

我的一个熟人最近变卖了她所有的家当，效仿《美食、恋爱和祈祷》中的方式环游世界。我们在一次聚会上讨论这件事，一位女士说：“我希望我也能这样做，但是我可负担不起。”我那位环游世界的朋友却说，她的背包旅行的花费远比聚会上那位女士目前的生活花费少得多。她卖掉了房子，旅游时睡在朋友的沙发上，平时住在廉价的出租房里。没有多少人会卖掉自己的房子，但这并不意味着是不可能的。我们可以不时重新审视一下对自己的看法。只有这样，我们才会觉得有能力承担抗得住的风险，成为一名逆势者（任何方式都可以，只要适合你——你甚至可以通过反驳别人成为一个与众不同的人，塑造自己逆势者的形象——现在就开始吧！）

我发现成功的逆势者行具有以下品质和特点。

与主流社会格格不入：不论是在学校不受欢迎，还是感觉被社会边缘化，他们在成长过程中都似乎与主流大众略有不同。他们看起来有点“古怪”，但都找到了热爱的事业，并通过积极探索让自己脱颖而出。

打破常规：在自己选择的领域有所成就，通常不介意推陈出新，或者至少想办法打破规则。他们不喜欢别人告诉他们该做什么！这与工业革命时期顺从的工人心态截然不同。

关注教育：认为教育是一切的核心。无论是上私立学校，求教于优秀的教师，还是接受家庭教育，甚至是自学成才，他们都在不断学习，大量阅读，永远保持学生心态。他们永远不会对任何课题感到“满足”，总是在探寻新的知识。

心中有一团火：“激情”是一个被过度使用的词，并不能完全概括我的嘉宾们所散发出的能量。但一定有某些东西可以让他们保持工作热情，或许因为他们是行动派，或许因为他们对未来有忧患意识，或许是因为他们过去的某个经历，也或许只是找一个理由早点起床。他们的行为是经过深思熟虑的，他们的追求远远超越了财富和地位。

好奇：像孩子一样充满好奇。我所有的嘉宾都会问很多问题，而不仅仅是想谈论自己。他们经常询问别人的经历，凡事都刨根究底，以及如何做到与众不同。他们质疑世界的“规则”。

高情商：此处并不是指我们需要有很高的智商应对考试，更重要的是拥有高情商，能与人相处融洽，具有很强的洞察力。我对我的嘉宾有一种与生俱来的好感，或者至少对他们心存敬意。我们身体散发的能量非常重要，我们对这个世界有所付出，也会以某种方式得到相应的回报。与人为善、乐于沟通、对他人热情相待，一定会有助于你顺风顺水，而粗鲁无礼和刚愎自用则会严重制约你个人的发展。

一点点自我怀疑：有些人可能会说，真正成功的人总是非常自负，从不质疑自己的决定，但从我的经验来看，我采访过的许多人都善于自我批评、自我反省，不断质疑自己所做的事情是否正确。这会让他们怀疑自己，但又激励他们一次一次地尝试，直至找到解决问题的最佳方案，不断进步，取得更大的成就。

习惯成自然：即持之以恒。我的每一位嘉宾，不管从事什么样的工作，都能做到坚持不懈、始终如一。有些人可能会称这为“努力工作”（或辛劳、毅力），但工作背后满是勇于实践和精益求精的职业精神。这是一种习惯：无论是日常生活、信仰，还是精神追求等方面，这种品质在他们身上都非常明显。大多数成功人士对待工作都非常执着，而且全力以赴，无论他们是心脏外科医生还是自媒体博主。

天赋、天分或技能：我们都天生具有某种天赋，如果加以培养，这种天赋可以助我们取得巨大的成就，例如：唱歌、设计、策划或编程等具体技能，或者其他的能力，比如成为一个健谈的人。

优势：包括但不限于教育、社会阶层、年龄、国籍、地理位置、体力、性别、性别认同、神经特征、外貌吸引力等。

运气：不可否认，成功还是失败似乎是由偶然性和我们控制不了的神秘因素导致的，而不是由直接行为造成的。

现在，你可能对如何获得成功有了更多的想法。倘若你选错了方向，无论多努力都是在做无用功。通常，我们会按照一张由父母、家庭、学校、社会制定的路线图按部就班地往前走，但要找到自己真正想要的东西，离不开内心的指引。通往成功的道路不是只有一条，同样，成功也不是只有一种定义。我将在下面的章节里帮你找到你人生真正的目标。

本章反思

1. **你有哪些有助于你获得成功的品质？**你拥有哪些逆势者品质？你有什么要改变的吗？如果你不确定，让几个朋友用三个词语来总结你最优秀的品质，看看它们有没有什么规律。
2. **生活中，你在哪些方面感到幸运？**我们每个人都有好运气，即使不能现在就显现出来。你能花点儿时间回忆一下那些好运气降临到你身上的时刻，从而找出属于你自己的幸运领域吗？哪怕是最不起眼的事也可以。
3. **你在什么情况下营造了自己的运势？**突发奇想，尝试新事物或做出一次改变——这些行为什么时候给你带来了好运气？什么样的行动或决定曾经给你带来过更多的好运气？为了拥有好运气，你下一步计划怎么做？

4. **你能说出一些你的限制性信念吗？**你的事业为什么没有取得成功，或者目前工作最大的阻力是什么？把这些都写下来。例如，我曾经有一个限制性信念："其他人比我更有才华。"（阅读完本书接下来的部分，或许你能够利用从中所学的回过头来解决这些问题。）

5. **如果你能改变生活中的一件小事，你会怎么做？**想想你可以改变的最不起眼的小事。在你的生活中加入一些小叛逆（例如用不同的方式做某事，比如在一天中的不同时间发送电子邮件，或者尝试穿一些风格更大胆的衣服）。先尝试一下小的新鲜事物，我们才有可能考虑尝试更大的新鲜事物。

6. **在你看来，"无法拥有一切"是什么感觉？**什么是你放得下的？什么是你舍得丢弃的？你怎么做才能让身心放松？

第二章

幸福不止一种模样

The Happiness Myth

“我很清楚，成功和幸福是两回事——在经历了许多外在的成功之后，我意识到再多的成功也无法满足我内心的渴求。”

——摘自鲁皮·考尔（Rupi Kaur）
“易谈”（Talk Easy）播客文章

前几天，有个男人在街上冲着我大喊着让我笑一笑，但是我并没有笑。日常生活中经常会听到别人说“宝贝，高兴点”，尤其是事业型女性会听到更多。平时我喜欢在走路时想事情，或者听播客、盘算着晚餐吃什么，或者整理一下纷乱的思绪，**这时的我不喜欢笑，**而不喜欢笑的女性似乎总是会让周围的人心生不快。当然，这种现象不仅仅针对女性：整个社会对男性情感的表达也要求颇高。男性应该时刻表现出自己勇敢的一面，要“乐于付出”，要“无比坚强”，即使他们也极度渴望有人倾听和理解他们内心的感受。

放眼整个社会，我们总是以各种方式鼓励别人要精神振作，保持心情愉悦，然而这种做法却存在很大的弊端。“幸福”一词通常泛指人们感觉良好的一种状态。字典对“幸福”的解释是：幸福是一种以快乐、满足、知足和充实的感觉为特征的情感状态。我们中的许多人都被困在了这些“应该”有的感觉中。我们何时曾真正思考过人生中到底哪些事情才能带给我们满足感？在大多数情况下，我认为会使我快乐的事情实际上并没有带给我应有的快乐，而那些我认为无聊、平常或微不足道的事情却让我快乐无比。例如，在社交媒体上获得关注常常让我感到平淡乏味（我总以为获得更多的点赞就会快乐），然而好朋友突然给我打电话却能让我马上高兴起来，哪怕当时的我忙得不可开交。科学研究对此做出了合理解释，认为人在漫不经心地进行网络交流时大脑分泌的化学物质与在面对面的人际交往过程中分泌的化学物质有很大不同。创造的过程能够让我感到自由和放松，究其原因是当我在进行写作或文学创作时，根本无须过度思考其他不相关的事情（我使用右脑进行创作，而右脑更侧重视觉和直觉）。

本章的目的就在于帮助读者摆脱传统观念的束缚，了解理想中的幸福正在使我们陷入人生的困境，并且进一步探究如何才能打破“永远快乐”的执念，远离“有毒的正能量”，它们只能带来肤浅的快乐和虚假的幸福幻象。

生活在现代社会的人们或许认为过度关注内在情绪是一种病，实则不然。据《闲人》（*Idler*）报道，早在16世纪，“忧郁症”就已然成为一种社会的“标志性病症”和一种“灵魂所处的状态”。当时的人们甚至会为饱受内心痛苦的折磨而窃喜，就好像他们已经“感受”自己的灵魂进入了更高的境界，并且利用这种“更高层次的灵感”创作诗歌和艺术作品。现如今，人们对幸福的执念与16世纪的人们对忧郁症的迷恋如出一辙，而且身处心理健康危机四伏的大环境中，我们对虚假幸福的执着会愈加强烈和不加掩饰。这就像是一场无休止的表演，只是为了让别人看看“我有多幸福”。

我们常常认为一个人只要拥有了一切，就一定能过上幸福的生活。我也经常这么想。我会在社交媒体上一窥别人的生活，觉得他们的生活看起来非常完美。然而，事实往往并非如此。演员赛琳娜·戈麦斯（Selena Gomez）在一次讨论心理健康问题时，十分坦率地畅谈了心中的困扰。大多数人可能会认为像她这样的人（那么富有、那么有名、那么美丽，拥有3.36亿粉丝）应该不会有太多烦恼。但是经过深入交流后，我们才知道她患有双相情感障碍、得过狼疮性肾炎，还接受过肾移植和化疗。她光鲜无比的外界形象掩盖了她残破不堪的内心世界。类似的事情不在少数。一般来说，我不喜欢在早晨醒来的第一时间查看新闻，但是有一天还是看到了一名女子自杀的新闻，这条新闻在网上引发了热议。这名自杀的女子名叫切斯利·克里斯特（Cheslie Kryst），她曾是2019年美国小姐选美比赛的冠军，也是一名成功的律师。她曾参与过一档获得艾美奖提名的娱乐节目，并与世界上知名的经纪公司签约。虽然我们并不知道事情的来龙去脉，但在看到这则消息时，我们依然感到十分悲痛。如果“出人头地”就能解决生活中的问题，那么像这样的悲剧就不会屡屡发生。我们知道一切并没有那么简单。任何人，不分男女老幼都会面临心理问题。现实一次又一次地证明：功成名就并不能保证我们一定能远离痛苦，这种认为只要拥有显赫的名声、令人羡慕的美貌和辉煌的成就就能够拥有完美人生的观念不应该成为社会的主流思想。遗憾的是，就算有种种证据证明这些观点是错误的，人们依然对此深信不疑。

本章中所提到的方法旨在帮助大家学会接受生活中的起起落落，但毕竟无法解决任何心理健康问题——所以我们需要密切关注自己的心理健康，在必要时寻求专业治疗。来自外界的支持和有效的心理治疗固然能够让我们的生活更美好，但我们也不应该认为人们只有在保持心理健康的状态下才能取得成功。实际上，我们能够按照自己的节奏朝着目标前进。我们要学会坦然面对真实的自我，接受不完美的自己，这样才能真正突破自我，成就自我。我们不必掩饰真实的自己，我们可以用自己的方式取得成功。不可否认，勇敢面对人生中的挑战绝非易事。但是，我们通常只有在渡过种种难关之后，才能真正领悟到成功的真谛。

幸福图鉴

在一次哥本哈根的旅行中，我坐在蒂沃利花园的长椅上，手里拿着冰淇淋，我的丈夫坐在身旁，孩子们（别人的孩子）在喂鸭子，阳光洒在我的脸上，音乐缓缓响起，甜甜圈的香味扑鼻而来。在那一刻，我真切地感受到了丹麦为何被誉为世界上最幸福的地方之一。我环顾四周，仿佛置身于一个儿童电视节目中。凤尾船在水面漂摇着，树上的花朵含苞待放，人们躺在躺椅上，头顶的蓝天一望无际。然而，当我真正想准确描述自己坐在长椅上的感受时，不一定会说我感到非常幸福。

“幸福”的内涵太丰富了，它包罗万象，是一种永恒的存在状态。相反，我感受到的是片刻的开心，一种极度的喜悦，就像阳光洒在我的脸上一样温暖。

我们中的许多人都曾怀揣着这样的想法：总有一天，我们会破解幸福密码，一旦成功，就会获得一种永恒的满足感。“到那个时候，我就会幸福；如果我做到了，我就会幸福；等我实现目标了，我就会幸福”……幸福经常出现在对未来的构想中——但我发现，幸福更像是当下的快乐，即使它转瞬即逝也没关系。事实上，这让幸福变得更加甜蜜了。于我而言，正是注意到了这些片刻的快乐，才让我的生活增添了许多乐趣：停下来真正体会哥本哈根的一切，用心体验当下的感觉，全身心地投入其中，而不是盲目地追逐下一个幸福的瞬间，或者担心这一切即将结束。坚不可摧、坚定不移的幸福，不再是我追求的目标，相反，我更想细细品味那些短暂的幸福时刻，就像翩翩起舞的蝴蝶落在你身上，然后又飞走一样。

我们对幸福感到困惑，是因为我们谈论幸福的方式太有限了。因此，我们过于简单化的期望与现实不符。有的时候，人类的语言无法传达我们的情感。我的手机上有一个应用程序，在我需要休息的时候，它会播放一些柔和的声音，引导我冥想。十分钟后，我可以评价自己的心情。选项中包括了“糟糕”“不好”“还好”“很棒”和“幸福”。我发现自己点击“还好”或“很棒”的次数，比点击“幸福”的次数还要多。这让我想知道“幸福”到底意味着什么。这些词语并不能完全概括一切。有时候，我只是感觉还好，或者觉得不错、还行，没有什么大问题！纯粹幸福和快乐的感觉稍纵即逝，只有在大肆庆祝的时刻多巴胺才会激增。

除了幸福，人类还有许多其他更有趣的情感：兴奋、宽慰、喜爱、自豪、惊讶、感激、愉悦、希望，等等。幸福应该是什么样的感觉呢？是在田野里奔跑时的兴奋吗？是看着网上的搞笑视频大笑的愉悦吗？是孩子在水坑里跳跃的快乐吗？我经常提醒自己，快乐和幸福是两码事。正如作家、前谷歌工程师莫·高达特（Mo Gawdat）所解释的那样：“我在派对上又蹦又跳的，喝了几杯酒，我就幸福了吗？不，我只是玩得很开心。这就完全不同了。在这种情况下，玩得开心只是一个短暂的瞬间，我称之为一种逃避状态。不管你信不信，这并不是幸福的状态。”玩得开心固然很好，但如果我们一味追求乐趣，它并不会神奇地转化为幸福。幸福不是我们能强求的东西；如果我们先减轻自己的压力，就更有可能感受到幸福。总而言之，幸福是无法装瓶和买卖的，但幸福的概念却可以，而且这个概念能让许多公司赚取数十亿美元。

希望本书对你有所帮助

除了有趣、满足、兴奋和短暂的幸福感，我们当然还会面对更多复杂的情绪。有一位朋友给我发来信息说："我不会在邮件的开头就说希望'**你一切安好**'，因为我相信，你和所有人一样，几乎每天都要面对上千种情绪！"有时候，我们只是感觉不舒服或不开心，因为生活本来就很艰难，而我们的大脑也不可能一直保持兴奋的状态，它们大多数时候只是努力地让自己活下去。有时候，我们只是今天过得不开心。

社会一边希望我们始终保持幸福的假象（因为这对大家来说都比较自在，尤其是对雇主），一边又不断地向我们兜售幸福疗法。这些都只是在强化幸福的神话。《科学美国人》（*Scientific American*）杂志上的一篇文章甚至指出，所谓的负面情绪可能对我们的幸福至关重要："（它们）很可能对我们的生存有帮助。不良情绪能够很好地提醒我们要格外关注自身的健康问题、人际关系或其他重要问题。消极想法和情绪存在的意义在于帮助我们看清刻意压制这些负面情感是徒劳无功的。"我们的大脑天生就会关注它们，所以想要像"有害正能量"所要求的那样排斥它们，从生理上来说是不可能的。

我并不是说抑郁或严重的负面情绪是“好的”。我的意思是，在“幸福”和“悲伤”之间存在许多灰色地带，这些灰色地带构成了我们丰富多彩的生活。正如苏珊·凯恩（Susan Cain）在她的《苦乐参半》（*Bittersweet*）一书中所说的那样，悲伤、渴望、忧郁和脆弱，让我们的人生变得更加完整。我们不应该为所有“幸福”范畴之外的情绪感到羞愧。相反，当这样的情绪出现时，我们应该接纳它们，关注它们，尊重它们，并对它们怀有好奇心。我开始接受自己情绪的波动和生活的起伏，并为它们的出现感到高兴。如果你能体验到人类情绪的各个层面，那是否就意味着你真正活出了生活的多姿多彩呢？

当我与伦敦的精神科顾问拉法·尤巴（Rafa Euba）博士交谈时，我询问了我们似乎都共有的复杂情绪的问题。他说：“我们会对不断变化的环境做出反应。我们根本无法将坐过山车的恐惧和乐趣区分开来，无法从深情的歌曲中把伤感和甜蜜的乡愁区分开来，或是把冒险中的忧惧和期盼区分开来。”这让我想起了自己的很多事情。最近，我的丈夫保罗在一个硬盘里发现了一些我们的老照片。当我们翻看这些照片回忆往事时，我想起了我们 20 多岁时共同度过的美好时光，感到无比*幸福*，也很感激我们这 10 年来一直保持着幸福的关系。然而，为什么在这种喜悦爆发后的短短两秒钟内，我又有了想哭的冲动呢？我内心深处突然感受到阵阵悲伤。我明白，这是因为我们再也回不到过去了：我们曾经的公寓，我们曾经的自由，我们曾经的发型！回首往事，我既感受到了幸福，也能以全然平静的心态来面对，我明白，我们再也不会那样年轻了。不过，能够感受到交织的情绪不足为奇。我们可以对现有的一切心存感激，同时也可以对已经逝去的事物感到惋惜。

我曾在网上看到过有人发表这样一段文字：她提到她不得不参加一场葬礼，这导致她的一天都变得有点“消极”。或许她的本意是表达一种黑色幽默，毕竟每个人表达悲伤的方式不同，但我看到有人将葬礼这样严肃的事情说成“负能量”，就好像这只是一个完美日子中的小插曲，着实觉得奇怪。悲伤情绪并不是一种“负能量”。如果我们能够接纳自己强烈的情绪，不再试图逃避它们，我们就能从悲伤和不适中学习和成长。最近，我和作家克洛弗·斯特劳德（Clover Stroud）一起录制了一期播客节目，我们谈到了强颜欢笑和假装快乐的弊端。斯特劳德一生充满坎坷，经历了数不清的挫折：她早年生活非常不幸，先是失去了母亲，后来又失去了患乳腺癌的姐姐。她谈到了人类的各种情绪，并指出了这些情绪如何丰富了她的生活：“从创造力层面来看，悲伤是一个很有意义的出发点。我们能够从痛苦和损失中学到很多。悲伤就像水晶一样，我对它的每一面都充满好奇，同样，我对生活中更具挑战性的时刻也很着迷。”她热爱生活的多姿多彩、跌宕起伏，也享受生活的鲜活、忧伤和意义。她说：“幸福其实很无趣。”有时候，听一段忧郁的音乐，沉浸于悲伤的情绪，甚至会成为一种奇特的享受。当我们接纳这些情绪，承认它们的合理性和真实性时，它们就更有可能消散。反之，如果我们一味地追求幸福，或者努力摆脱“负面”情绪，恰恰会让它们变得更糟糕。

我在一些自认为会很开心的时刻也感受到了这种情绪的波动，比如在参加演讲活动或经历重要的个人时刻（比如婚礼）时，我常常觉得自己应该感到更快乐或更兴奋。毕竟这些活动通常都是我期待并愿意参与的。然而，在接下来的过程中，我会感到紧张，有时候甚至会感到焦虑、特别不适和恐惧。但这并不是非此即彼的情况：我在感到不适、恐惧的同时，也会觉得兴奋和幸福。即使是在面对改变人生的重大事件时，情况也是如此。我有一位大病初愈的朋友，她告诉我，她在庆幸自己能够康复的同时，也被许多其他情绪笼罩着，如悲伤、愧疚和困惑。有些好心人会对她说："你出院了，一定很高兴吧！"但是，事情往往比这复杂得多。掩盖问题、强装勇敢或假装一切正常，这都不是"成功"。真正的成功是无论生活好坏，你都能享受当下（生活的苦难与甜蜜通常是交织在一起的，因为在有意义的时刻，你不会只感受到快乐），接受现实并能泰然处之，不管感觉如何，都能在人生不同阶段中学会做自己。

既然我们的情绪如此错综复杂，那我们就没必要给所有事情都贴上好与坏的标签。我开始享受情绪的波动，不再用道德的标准来衡量它们。我不再认为快乐就是"好"的，而悲伤就是"坏"的。我们大脑的作用是确保自己能够活下去，而不是让自己一直陶醉在幸福快乐中，因而需要处理各种不同的情绪。尤巴博士认为，永恒幸福的理念是"积极思维"模式下的一种构想："有些转瞬即逝的快乐并不需要一直存在，也不需要频繁出现。我们永远不会拥有永恒快乐的状态。"

了解这一点固然重要，但我们应该如何摆脱这种根深蒂固的集体习惯，不再假装一切顺利呢？当负面情绪出现时，我们该如何去接纳它们，不再陷入其中，或者完全忽视它们呢？我总是试着记住，情绪在身体和大脑中的生理寿命只有 90 秒。但我们总会陷入循环，很难走出来。神经解剖学家、作家兼公共演讲家吉尔·博尔特·泰勒（Jill Bolte Taylor）在她的《奇迹》（*My Stroke of Insight: A Brain Scientists Personal Journey*）一书中解释道：只有当我们将情绪或焦虑与内心的想法、对世界的判断以及内在信念系统结合在一起时，它们才会成为我们的“感觉”。如果这种感觉持续了数小时或数天，就会成为我们的情绪；如果持续数周或数月，则会成为我们的脾性；如果持续数年，它们就会变成一种人格特征。

经验表明，我们往往更容易陷入负面情绪的循环，而不是积极情绪的循环中。作为人类，我们天生更倾向于关注负面情绪。我们能够更清楚地记住创伤经历而不是愉快的经历，更容易记住侮辱而非赞美。我们对消极诱因的反应，往往比对积极诱因的反应更强烈，对不愉快记忆的反思，也比对快乐记忆的反思更频繁，这样的例子不胜枚举。我向尤巴博士请教了这种负面偏见的具体解释，并询问了为什么我们人类倾向于关注负面或危险的事物？为什么在众多积极的评论中，我们会紧紧抓住一个负面的评论不放呢？他回答道：“从一个纯自然的角度来看，我们需要了解环境中的所有问题。因此，就算我们的身体、住所和生活环境等一切都顺利，我们仍然会发现生活中不对劲的地方。我在书中用了一个例子来说明：我常常将注意力全部集中在我在墙上发现的一道小裂缝上，而忘记了生活中大量完全正常的事情。诸如此类的事情会妨碍我们体验生活中的轻松与幸福。但我们生来便是如此。”能够认识到负面情绪是一种自然反应，可以帮助我们应对难以承受的恐惧和忧虑。但是，如果我们无法打破反复思考和过度思虑的循环，仍然会陷入困境。

重要的是，我们要学会如何更好地适应现实生活。哪些方面进展得顺利？你是否对自己过于苛刻？你获得的成就是否超出了预期？最近是否成功渡过了难关？你是否比自己想象得更有韧性？你是否取得了一些小小的胜利？

最近，我差点文了一只蜥蜴文身。现在回想起来，我很庆幸自己没有这么做，但我已经爱上了我脑袋里这个小爬行动物了。不久前，我第一次读到有关我们大脑中蜥蜴脑部分的信息，但完全了解它是另外一回事。这个古老的大脑区域叫作杏仁核，也被称为爬行动物大脑。它拥有战斗、逃跑、捕食、恐惧、僵硬和求偶等最基本的反应和功能。它是我们大脑中的原始部分，在认为我们处于危险时会过度反应。我们的蜥蜴脑想要保护我们，但经常会误判。尽管理智告诉我们，酒店房间门外并没有一只准备吃掉我们的灰熊，我们的生活也不会因为在舞台上做公开演讲而毁掉，我们最好的朋友没有回复信息，并不意味着她讨厌我们，但蜥蜴脑却会得出这样的结论。在快节奏的现代社会中，意识到这种脱节至关重要：我们的大脑感到害怕，并不意味着真的出了什么问题。现在我给自己的蜥蜴脑重新取了个名字，这样我的焦虑情绪就能与我的想法分离开来，不再成为这种消极循环的一部分（我将其命名为阿莱格拉——别问为什么）。

我们真正展示出来的样子（即我们的性格）是由头脑中的所有想法决定的，因此，如果想要改变，我们就必须努力调整思维方式。有些想法是如此根深蒂固，以至于当意识到它们只是我们的想法而不是“我们”本身时，我们会感到惊讶。好消息是：我们每个人都可以转换自己的思维，改变生活。现在，当阿莱格拉告诉我说我的书将会失败，或者游泳池里有鲨鱼，或者我已经检查了无数次但她告诉我烤箱还开着时，我可以说：谢谢你，阿莱格拉，但我心里已经有答案了。

虽然没有去文身，但是我戴了一条镶嵌着一只小蜥蜴的金项链用来提醒自己，我感觉自己陷入危机，可能只是蜥蜴脑在作怪，是我大脑中古老的区域想要保护我，而我已经接受了这个事实：我那反应过度、戏剧化的蜥蜴脑，并不负责让我快乐。远离了大脑的这一部分，我就不需要对它的要求做出反应，这让我不再那么焦虑，也让我不再以此定义自己的情绪或性格。当我们谈论成功时，不管你追求的是什么，调整你的内心活动，学会不再将其视为绝对真理，这对你迈向成功至关重要。我通过善待自己，减少阿莱格拉的影响，建立了更多的自我同情。我站在了自己这一边，所以我更有可能继续我的宏伟计划。我能够更深入地倾听自己理性的一面。

随着与心理学家的交谈不断增多，我越来越明白成功在很大程度上取决于负面情绪和积极情绪的有效管理。这需要我们能够接纳自己、进行亲切的自我交谈，学会欣赏生活中的不完美之处。

如果我们的大脑可以改变，那么我们也可以改变。没有人能够比莫·高达特更清楚这一点了，他彻底改变了人们对幸福的看法。（他称自己内心的蜥蜴为“贝基”。）在儿子突然不幸离世后，他觉得自己有义务去研究和探讨幸福这一话题。作为曾经的工程师，他选择了从数学的角度进行研究。他创造了一个幸福方程式，即：你的幸福等于或大于你生活中发生的事情与你对生活的期望之间的差值。

当我问莫先生，幸福的关键是否真的就像学会换个角度看问题这么简单时，他说：“如果下雨，你是幸福还是不幸福呢？这要看情况。如果你想给植物浇水，你就会感到幸福；但如果你想坐在太阳底下，你就会感到不幸福。我们不断进行这种比较，来决定我们幸福与否，但这仅仅取决于我们头脑中的思维差异。”

我想试试，通过改变思维方式和重新构建想法，我能否从醒来的那一刻起就“变得更快乐”。

早晨的想法：*醒来后我想，有点累啊。*

重构后早晨的想法：*我会觉得累，是因为我最近一直在努力写这本书，我很享受写这本书的过程，并为自己对这本书所做的努力感到骄傲。*

午餐时间的想法：*我很累，也很懊恼自己把沙拉掉到地上了。我怎么这么蠢？!*

重构后午餐时间的想法：*我真幸运啊，还能再做一顿午餐。虽然有点烦，但一切都还好。*

晚上的想法： *下雨了，但我的雨伞坏了。一切都不如意。我不想生活在一个多雨的城市。这种阴冷潮湿的天气让我对生活和身份产生了怀疑。为什么我要选择生活在这样一个阴冷多雨的城市？其他人在温暖的地方是不是过得更好？*

重构后晚上的想法： *生活在这里很好，如果我住在一个阳光明媚的地方，我认为我的问题也不会消失。事实上，我知道我会想念我的家人，想念四季的变化。我在雨天写的东西还不错，感觉也很舒服。没关系，我只是因为雨伞坏了而烦恼，去吃点好吃的吧。*

这种方法承认了问题的存在，这与假装一切正常的有害正能量截然不同。我发现，这种重构那些微不足道的想法的方法很有效，也确实显著地改善了我的一天。它让我不再深陷不必要的思绪泛滥之中。我几乎能感觉到我的大脑在快速运转，创造出了与我通常关注的消极情绪截然不同的新路径。当然，我们不可能“重构”生活中每一件充满压力和痛苦的事情，特别是那些比我所提到的小插曲更加复杂的事情。但这个思维实验让我这一周都过得非常愉快，以至于我一直坚持到了今天。

改变那些让我们痛苦的想法，可以极大地改变我们与成功和幸福的关系。它可以帮助我们欣赏生活中的小事，知足常乐地度过每一天，而不总是迫切地渴望得到更多。简单地说，这是一种观念的转变，是一种看重自己生活的方式。我们不再和别人的生活进行比较，从而失去对生活的信心，也不再过于苛待自己的生活。

幸福并不是非黑即白的：我们不能把人分门别类，说“拥有什么之后你就会永远幸福”，或者“如果有什么，你就永远不会幸福”。事实并非如此。我曾采访和指导过许多人，他们拥有大量的金钱、足够的安全感，并享受着绝佳的海景，但内心却深感抑郁。我也见过一些年仅 16 岁就离家出走的人，他们找了一份工作，从未追求过更多，只希望过简单的生活，与朋友为伴，每天醒来，内心都充满感激和满足。当然，事情并非总是如此，金钱和安全感确实会让人更加舒适，但舒适并不等同于幸福（我将在“金钱与成功无关”一章中对此做进一步阐述）。

简单的快乐

具有讽刺意味的是，人们在前几个世纪为维持生计而从事的许多活动（如捕鱼、狩猎、制陶和编织篮子），如今却成了我们寻求乐趣和享受的事情。我们试图在一个过度商业化的世界里回归自然，回归自我，找回一些更简单的生活乐趣。

当我们过多地规划未来（畅想自己何时会幸福）时，我们往往会忽视眼前的现实。我有一个朋友，她总是把所有的时间都用来谈论她宏伟的人生计划。今天她要搬到澳大利亚，明天她又打算去新加坡住……但现实是，她打算在英国找一份新工作。她花了两年时间谈论她的 5 年计划，而这个计划一直在变，最后她坠入了爱河，去了一个她从未想象过的地方生活。做白日梦或规划本身并没有什么问题，这样做可能的确很有趣，而且开诚布公地为自己想要的生活集思广益也很重要，但与其制订一长串的5年计划，或许我们更应该把注意力放在那些能够改善当前生活状态的小事上。无论是5分钟计划、5天计划，还是5周计划，只要适合自己即可。毕竟，我们无法预测自己的结局。我们甚至无法确定明天会发生什么。但我们可以想办法让自己的日常生活变得更加美好。

如果洗碗不能让你感到快乐，那么即便之后用干净杯子喝了杯好茶，也无法让你快乐。如果我们现在不能以任何可能的方式感到幸福，那么即使我们得到了自己曾经想要的一切，也不会幸福。当然，如果真的得到了想要的东西，我们可能会更健康或更舒适，但如果我们从现在开始珍惜当前的生活，我们就更有可能变得幸福。

本章反思

1. **你会如何描述一天中那些快乐的小事？**当我们开始关注快乐时，我们就能够发现生活中（无论是工作还是家庭）让我们最快乐的事情。这是一个奇妙而简单的策略：多做让你快乐的事，少做让你不快乐的事。
2. **你心目中没有任何烦心事和干扰的最完美的一天是什么样？**设想一下，制订一个计划并写下来。在不限制自己的前提下，播下真正让你感到快乐的种子，你可能会为自己所发现的东西惊讶，即使它只是一个遥不可及的幻想。尝试将一些元素融入你现在的生活，即便只是微不足道的小事。

3. **你的蜥蜴脑是如何运作和感受的？它们有名字吗？它们叫什么名字？**我的蜥蜴脑（已经剧透过了，叫阿莱格拉）非常具有戏剧性。当它在我的大脑中像火警警报一样响起时，我便意识到我应该停下来，分析一下到底发生了什么，是我的蜥蜴脑在说话，还是“我”在说话。
4. **你有哪些个人的幸福神话？你认为什么会让你感到幸福，但一旦实现了，你的感受又会有所不同呢？**当我们实现对自己有意义的事情时，所获得的感受很少仅仅是“快乐”，而是更加丰富和复杂的情感。（例如，我从未听过有女性朋友只把生孩子描述为“幸福”，或者将完成博士学位仅仅称为“幸福”，而是将之称为人生中的美妙感受。）这需要我们去界定它们，为它们命名，不再将所有事情都贴上“幸福”的标签，或对所有事情都保持绝对乐观积极的态度。
5. **在“平凡的生活”中，什么会让你感到温暖和充满活力？**写下那些令你快乐的小事，你会发现它们其实并不是那么“平凡”。你会发现做这些事根本花不了多少钱。如果可以的话，尽量每天多做这些事。

The Success Myth

第三章

生产力迷思：少即是多

The Productivity Myth

从世俗上来讲，很多人追求的无非是金钱和权势地位。而想要有尊严地活下去，人总是不得不为这些东西去奋斗。

——摘自佚名

1965 年，美国国会下属委员会曾预测我们的每周工作时长会大幅缩短。随着科学技术的进步，到 2000 年，我们每周的工作时长仅为 14 小时左右，而且每年至少有 7 周的休假时间。现如今再看这个预测，似乎充满了尴尬和讽刺的意味。现代社会的工作时间似乎只会越来越长，而非越来越短。我们都过于美化加班这个概念。一项工作完成后，还没等缓过神，就立即投入下一项工作。自从可以在手机上处理邮件后，我们每周的工作时长已经增加了 2 小时（这真是拜“倒霉手机”所赐）。许多朋友告诉我，无论是谁在办公室加班到最晚，第二天早上都觉得值得吹嘘一通，或者比比谁最累？谁的工作时间最长？谁为这份工作牺牲得更多？现在的成功真的已经是这个样子了吗？你真的想要这样的成功吗？

此时此刻，我正在为痛经所折磨，不禁想起了网上的一个梗："无论是经期前、经期中，还是经期后，女人都能享受十分钟的快感！"我越想越委屈，胃也疼了起来，我知道我现在最需要的就是躺着休息，而不是在这里坚持工作。但如果我不咬牙坚持，又会担心自己落后。其实不管怎样，与其告诉老板你情绪不好，无法集中精力工作，还不如直接告诉对方你痛经，痛到没法工作，这才是最简单易行的方法（我自己就是老板，也会提醒自己要这样理解自己的员工——包括我自己！）。2019 年，我为《泰晤士报》（*The Times*）写过一篇文章。文中提到：许多研究表明，我们宁愿撒谎自己肚子疼，也不愿告诉别人我们想睡个懒觉或是给大脑放个假。很多人肯定还是会羞于开口，也很难向自己和他人承认这一点，并进行复杂的思想交流，而如何让自己感觉舒服一点则更是难上加难。我们必须要达成共识，并坚持到底，不要把心理健康问题视为"人性弱点"，事实也并非如此。大家对《泰晤士报》的这篇文章褒贬不一，虽然有人认同我要更坦诚地面对心理健康问题，但也有人说我要是在他们公司，肯定待不长久，公司肯定会很快解雇我，因为他们肯定会给我贴上一个"千禧一代或'80 后''90 后'要休心理健康假"的大标签。因此，我们一直在寻找有效的方法，能够让人们在工作中坦然谈论心理健康问题，并且能够证明在这个要求我们永不停歇的社会体系中，坦然承认心理健康问题并非软弱之举，而是一种勇敢的行为，正是这种勇气带领我们走出心理阴霾，自由畅谈这个话题。

我认识一位企业家，他说现在的“00后”真是太难管理了，竟然要请心理健康假。企业要平稳运行，这我非常理解，但我也不禁好奇，他为什么要对企业内部这么显而易见的问题置之不理呢：与其为员工们频繁的精神崩溃而恼火，何不去找到他们心理问题的根源，更长远地解决这一问题呢？职场中存在一种现象，如果打破某个局面会受到斥责，那么这种破局就不可行。我们必须认真研究一下数据，问问自己，为什么这么多人都跟不上离谱的现代工作节奏，特别是我们明明已经拥有了本该带给我们福利的科学技术，但它却并未发挥应有的作用。

我虽然自己给自己打工，但我也在努力给自己当个好老板。我会给自己安排懒觉日，一天，我赖床浏览网页时，看见威尔·史密斯（Will Smith）说他成功的秘诀在于他“令人讨厌的职业道德”，接着我眼前又闪过用来学会一项新技能的“一万小时定律”[作家马尔科姆·格拉德威尔（Malcolm Gladwell）在其著作《异类：成功者的故事》（*Outliers: The Story of Success*）中推广的一种方法]。之后，我又看见一条应用程序广告，声称能在一周之内让人吸收40本自助类书籍的内容（天呐！40本！）。该程序从每本书中节选一小段，为其加上一段机器人朗读关键要点的音频，让人用不了10分钟，就能“读完”埃克哈特·托利（Eckhart Tolle）的一整本书。这种看似效率极高的自我提升法，已然使我融入了“兄弟文化”的氛围，其过程充满了攻击性和强大的紧迫感。

类似的应用程序剥夺了阅读的乐趣，此外，如果你需要不断在应用程序中充值来获得答案，那么这些自助类书籍还配声称自己拥有收获幸福和成功的钥匙吗？

在当代的工作文化中，此类应用程序有火爆的市场并不奇怪。毕竟，在这样的文化中，你无法摆脱日益增长的要求和层出不穷的问题，比如“你能够在压力下工作吗？”几乎每份工作都会对人提出这样的要求，并不局限于救人于危难中的急诊和消防人员。为什么所有工作都要充满压力呢？我们已经扭曲了“紧急”的概念。只有极高层次的“成功”才算得上成功的想法已经深入人心，要实现它，就要付出更多的努力和坚持，而实际上我们需要从这一切中解脱出来。我们付出得越多，就越发感到压力巨大。

加班，再见

最近我和丈夫参加了一场婚礼，现场有张铺着桌布的圆形大餐桌，餐盘上摆放着精致的花朵，但是新郎新娘把宾客的座位安排都打乱了，这样大家可以随意混坐在一起。对性格外向的人来说，这很有意思，但对我这种内向的人来说，就没那么有趣了。我旁边坐的是一位 30 多岁的律师，他举止彬彬有礼，但却困得睁不开眼。为了避免尴尬，我们聊了一会儿工作。他很抱歉因为自己的疲惫而无法集中精力聊天。因为他所在的律师事务所工作过于繁重，他每天只能睡 3 小时左右，有时甚至在办公室和衣而眠。同坐的其他人一脸天真地问，为什么不采用分担工作量、团队合作或轮班制时，他只是笑笑说："这不是我们的工作模式。"每个人都承受着巨大的工作压力，承担着服务好每位顾客的职责。他看起来疲惫不堪。我满脑子想的都是，你既无法享受生活的其他乐趣，同时又因为太累而影响了正常生活，那么即使成了业务精英，又有何意义呢？既然已经如此疲惫，你大可以不参加这种社交活动，强撑着参加，又有何意义呢？人们为什么会对这种疲惫状态如此习以为常呢？

人们总是告诉我们，工作赋予了我们奋斗目标，因此，全天候工作才能获取更大的利益。我们被灌输了这样的想法：只是拥有一份工作还不够，我们还必须对它满腔热情。很多人不再把工作留在办公室，而是连度假都要带上它。作家山姆·贝克（Sam Baker）在一篇关于工作透支的文章中提出："20 世纪 80 年代，是'穿上西装，工作到崩溃'"，马克·扎克伯格（Mark Zuckerberg）则是"穿上灰色 T 恤，工作到崩溃"。她说，现在的不同之处在于"一切都为了完成更高的使命"。这种对意义、"激情"和目标的痴迷，都只是激励我们更加努力工作的幌子而已。"无论个人对社会的价值如何，创造效益才是我们追求的最终目标"，这在我眼里只是个骗局，尤其是在一个人情冷漠的大公司上班，公司随时可能把你换掉。我们把工作看得很重要，而老板们未必在乎作为员工的我们。

我在 2018 年写的《个体突围》一书中指出，科技的发展与革新应该意味着我们无须再在工位上坐满 8 小时了：这种工业革命时期为了充分利用白天时间而制定的轮班模式真的已经太过时了，尤其在现代社会，劳动密集型工作已经被机器代替。然而现在，人类非但没有更换这种工作方式，反而更加被无休止的工作束缚，即使这份工作对社会已无真正的价值可言，只是在为了生产而生产。你可能听说过“狗屁工作”这个词，它是由伦敦政治经济学院教授、人类学家大卫·格雷伯（David Graeber）创造的。他认为，数百万的打工人都在为一些没有多少社会价值的工作拼命，他们自己对此也心知肚明，比如来回发送一些毫无意义、无关紧要，却被视为非常紧急的电子邮件。人们一天到晚不知道自己都干了什么，不知道自己的工作是否真正有意义，是否只是为了表现自己在工作而整天来回收发邮件。

在后疫情时代，许多公司开始着手解决这一问题，寻找更为灵活的工作文化，但似乎大多数公司归根到底还是寻求效益。这些必要的新型工作方式只是涉及了公平和改善福利等方面，我们还需要从生产力和效益的角度去衡量其合理性。然后，我们才会考虑，4 天工作日是在提高生产效率的基础上提出的。关于居家工作的讨论，也是围绕提高生产力而展开。当今世界，科技日新月异，人类却依旧被当作机器零件，这着实令人不可思议。似乎一切都回归到金钱层面上，我们健康的身体和自由的灵魂备受摧残。

很多人也想关心和在意自己的工作，但却并不想因为老板要求员工充满激情而受到区别对待。如果可以的话，没有人喜欢被强制对工作热情满满。谈及热情，我们想要感受到的是自由、独立和兴奋。工作时被强加无理要求，只会让我们心生怨恨。有一种说法叫作“报复性睡前拖延症”，它体现了人们因加班或压力过大导致几乎没有空闲时间从而在内心产生的疲惫感和挫败感。报复性睡前拖延症是因为我们迫切想要休息放松而牺牲睡眠时间的行为，具体表现为：拖拖拉拉不睡觉，或者躺在床上也要强睁着疲劳酸痛的双眼去读电子书、刷视频、看网剧，或者做其他事情，以挤出一点自主时间。睡眠基金会表示：“对于工作压力过大、工作时间过长的人来说，尽管报复性睡前拖延症会导致睡眠不足，但它却是可以寻求几小时娱乐时间的方式。”在我看来，因为工作时间太长，而最终用伤害自己的方式来寻求闲暇时间的“报复”手段，真是太不可思议了。有位朋友在房地产行业工作了很长时间，我和她聊天时，她提到了我称之为“报复性消费疗法”的表现：把大量金钱花在毫无意义的事情上，只是为了让她觉得自己讨厌的工作还有可取之处。但这里最大的讽刺在于：她花了大部分收入购买她不需要或不喜欢的东西，最后银行账户上剩下的钱，与她从事一份工作时间较短，却更快乐和自由的工作挣到的钱相差无几。钱本身并没有给她带来快乐，钱只是达到目的的手段，让她远离了事实的真相。（我将在“金钱与成功无关”一章中对此进行更多探讨）。

作为公司创始人或老板的好处之一，就是能够自己制定基本规则，雇用自己能够坦诚相待的员工。在我的团队里，如果我心烦意乱或精疲力尽，我可以完全对他们敞开心扉，他们也可以对我如此坦诚。我们在平时的交谈中提到“心理健康”这个词，都认为它和身体健康同样重要。严格来说，心理健康也是身体健康，因为心理健康也是脑健康。正如作家伊丽莎白·吉尔伯特（Elizabeth Gilbert）在我的播客中所说，“大脑中每天都会有不同的天气预报”。有些日子阳光明媚，有些日子风雨交加。我们不是机器，无法通过一键转换为自己设置每天都默认执行的程序。我们只有接受了我们是人的事实，不再表现得像个可以优化升级的机器人，才能真正成功。

生产力羞耻感

一直以来，我很难对生产力产生羞耻感，或者说因为缺乏生产力而产生羞耻感。大多数人与生产力效率的关系根深蒂固，而我与生产力的关系已经发生了180度的大反转。20多岁时，我以休息为羞耻，一直保持忙碌的状态；10年后的现在，我觉得工作狂很丢脸，我不应该这么忙。不管我怎么看待它，都要自我审视，而不是自我羞耻。正如我在第一章所提到的，完美的“平衡”概念也是一个神话。我不想为高强度地工作而感到尴尬或羞耻。我也不想为今年8月和12月完全用来休息和旅行而感到尴尬或羞愧。似乎无论我们怎么做，都会觉得在别人看来我们是错的。这就是为什么我们要信任自己，并且要做让自己感觉舒服的事情，这一点非常重要。我们每个人的能力有限、生活和人生的目标也各不相同。

我与生产力之间的关系一直很有意思。与我的治疗师和生活导师交谈时，他们都看出了我一直忙个不停，以及我觉得自己不配休息的原因。我之所以这么做是受学校教育、个人性格和我的内心恐惧（可能还有作为千禧一代）诸多因素共同作用的结果。每一代人都与工作和休息有着千丝万缕的关系，但是千禧一代在毕业之后就遇上了经济衰退。人们非常担心，在工作机会如此有限的情况下，不努力工作可能会付不起房租，甚至失业，但我们也许忘了一点，“努力工作”并不代表要让自己精神崩溃。我和我的生活导师在第一次训练时，就开门见山地谈起这个问题。在谈到我的工作、事业和创造能力时，我用了类似的语言，比如“我必须坚持下去”“我必须把这笔生意敲定”和“我会让自己做到最好”。这类语言富有攻击性而且不近人情，我大概一直在用这种话来鞭策自己。显而易见，过去的我一直认为休息是软弱的表现，现在要转变这个观念并非易事。相信许多同龄人都会与我有共同的看法。

工作到崩溃

作家阿比盖尔·伯格斯特罗姆（Abigail Bergstrom）在 2022 年《泰晤士报》的一篇文章中公开讲述了她的工作过劳经历。她解释道，在外界看来，她“忙碌”的过去，一场接一场的会议，是她成功的标志：“在过去的生活中，从我睁眼起床的那一刻起，每一分钟都不让它白白流逝。我会走着去坐地铁，路上顺便给客户打电话；买脱毛膏时，顺便再预定上母亲节的鲜花和酒店。每个活动都是多任务同时处理，日程安排每半小时就会更新一次。”阿比盖尔做每件事都力求“准确”：她工作效率极高，日程爆满，年纪不大，成就却不小。然而，她并没有重视身体发出的信号，终于熬垮了身体，卧床了数月。

过度劳累的我们需要休息。身体会给我们发出警告信号，如果我们无视这些信号，身体就会迫使我们停下来。我的一个好朋友，因为长时间使用笔记本电脑工作，突然发现手僵住了：她除了哭和崩溃，任何事情都做不了。因为过度劳累，她被迫离职三个月。她说她错过了身体的警告信号，后来为时已晚。她也和阿比盖尔一样在床上躺了好几个月才恢复过来。另一位朋友，曾在英国国家医疗服务体系（NHS）工作，新冠肺炎疫情期间，她在重症监护室超负荷工作了两年，之后她毅然辞职去旅行了。最近我收到了她在科隆群岛发给我的留言。还有位工作过度劳累的朋友，突然有一天感到皮肤疼痛难忍，脸和脖子急剧肿胀。她说如果症状不严重到如此地步，她可能仍旧不会乖乖去休息。而另一位朋友则搬到了威尔士，重新回归大自然，逃离了令人抓狂的纽约，在院子里种起了萝卜，每天跟小鸟打招呼，而且在家创业，刚成立了一家公司。

环顾四周，你会发现人们过得都不那么舒心：工作过劳、精神焦虑，几乎都生活在崩溃的边缘。现在，好像周围的一切开始发生改变。我们不再耗心费力地去为那些根本不在乎我们的公司做牛做马。我们发觉自己并非无可替代，所以是时候想想我们生活的真正目的和意义所在了。

我们是否都厌倦了那些陈词滥调？是不是终于感觉到现代社会对我

们的期待有多么不对劲了？《复原力》（*Burnout*）一书的作者赛琳娜·巴克（Selina Barker）说，“英国第一次新冠肺炎疫情封控时，我采访过的教练和治疗师都说，他们都发现了一种奇妙的厌倦感，让我们不愿意或不能够再去忍受那些我们曾经认为自己必须忍受的废话，比如“公司把我们当机器、我们自己甚至把自己当机器人”的废话，“令人危言耸听的生产力”的废话，“公司认为给我们发工资就可以随意支使我们”的废话，还有“生活就是一场比赛，每个人都有永远做不完的工作”这样的废话。”（我个人很喜欢她用了这么多次“废话”这个词。）

最近，“安静退出”一词在网上引发热潮，而这多亏了TikTok。这并不是真的辞职，而是不再逼迫自己成为工作狂，放下永不满足的执念。要准时下班，不讨好老板，晚上和周末不再收发电子邮件。“安静退出”的大致意思就是只按要求工作，拒绝加班。有些人觉得可以用这种方式来抵制生产力文化，但也有很多人认为这是“懒惰”。这是因为我们还尚未摆脱“搏命文化”的内疚感。

一切无须“按部就班”

对所有人来说，无论男女，要想逃离生产力陷阱都不是件容易的事：男士在传统观念中作为“供养者”，认为自己需要努力工作；很多女士也认为自己应该对他人有用，并且还坚守“女士擅长多任务处理”这一令人讨厌的刻板印象。我们总想“拥有一切”，所以女性常常会因为工作、“带娃”没有达到最高水准而感到内疚。

很多消费品也在向我们传递“我们应该做得越多越好”的信号，这也难怪我们会对高效工作充满压力感。几年前，我读过一本书，名叫《她是如何做到的》（*I Don't Know How She Does It*），这本书后来被改编成电影，由萨拉·杰西卡·帕克（Sarah Jessica Parker）主演，饰演一位女强人。书中戏剧性地描述了“21 世纪初职场妈妈的窘境”。我现在用这本书的标题来描述一种非常受媒体欢迎的访谈类型。“她是如何做到的”系列访谈勾画的是某位女性受访者，她仿佛既能化解没时间做家务的困境，又能让生活看起来轻松自在。通常这类女性会在早晨 5 点起床，把 6 个小孩都梳洗打扮好，自己还能妆容精致地出现在公司，或者俨然一副事业有成的 CEO 光鲜形象。“我的助理佩内洛普（Penelope）24 小时待命为我处理邮件。我们为我的邮箱设计了一个非常复杂的颜色编码系统，可以方便处理 60 多个不同类别的邮件。”人们喜欢此类访谈内容，看到他人过着完美无瑕、令人羡慕的生活。此类信息在互联网上铺天盖地，让我们相信它在现实生活中真实存在，而且还很励志。但实际上，这只会增加焦虑，让我们觉得自己做得不够好。这就是“生产力建议”的金字塔模式，就像只看到了美丽的芭蕾舞鞋却看不到里面伤痕累累的脚趾。这让我们觉得自己微不足道，做事方式似乎也大错特错。

在文化层面上，我们似乎都会热衷于追逐成功人士的常规习惯，而这背后的原因是我们认为如果我们按部就班地遵循这种模式，那么我们也可以如此成功。我听说过很多种怪异行为，有人一工作就兴奋，有人早上一边洗澡还能一边写出畅销小说。这些将成功模式推销给我们的做法的确十分有趣，但我就是不相信。斯蒂芬·金应该每天都在11:30 ~ 13:30写作，但就算人们纷纷效仿他，也并不意味着他们能奇迹般地写出一部斯蒂芬·金式的小说。正如在“成功无规可循，因人而异”一章中提到的那样，一个人成败的原因，其中变量有很多。

我采访了《我今天没有做那件事》（*I Didn't Do the Thing Today*）一书的作者马德琳·多尔（Madeline Dore），她讲述了自己曾经对“成功”人士及其常规习惯的痴迷。她说：“我们希望有某种秘诀，让我们更有效率、更成功、更富有、更漂亮、更快乐。这看起来很简单，就像是说，哦，我要是能5点起床就好了，生活中的所有问题就都迎刃而解了。也许这就是它的魅力所在。因为我告诉自己，我只有在早上5点就起床，才会拥有快乐和成功，但这并不容易做到。我必须一直把自己的生活放在次要位置，直到我成为那样的成功人士才可以，但是这也可能不是我真正想成为的人。也许早上5点起床会让我一整天都因为睡眠不足而脾气暴躁，到头来，只会弊大于利。”最终，她意识到每个人都不一样，每个人都应该按照自己的方式做事。“完美”的刻板习惯并不是成功的秘诀，大多数情况下，我们应该更灵活一点儿。

反思时间：每当接受采访，主持人问我是否有固定的常规习惯和安排，我都会说一个善意的谎言。我会告诉他们我最近的“美好的一天”，因为每天对我来说都不一样，我承认这一点，但我以后可能也会参加

"她是如何做到的"这类访谈。在"美好的一天"里，我会早起，点上蜡烛，吃一顿健康的早餐，做做拉伸运动，然后"深度工作"4小时，再去散散步，吃完午饭后，继续高效工作，然后放松下来，好好照顾自己。但这并不是我每天的日常！这完全算是我百年不遇的好日子。而这样的日子也不一定是我最高效的时间。我只是感觉很好，因为社会和媒体让我觉得我"应该"有一直坚守的常规习惯。

我经常因为自己没有固定的常规习惯而略觉尴尬。我从没有过规律性的常规安排，可能以后也不会有。当然它们有时很管用。新冠肺炎流行时，我们像被集体"边缘化"了。我们对未来一无所知时，经历人生的变迁起伏是正常的。我永远不会有固定常规习惯，但在这种时候，我会用上我的"临时常规习惯"。当我处于人生的困境时，我需要这些常规习惯帮我渡过难关。但在其余的时间里，我则会选择顺其自然。

我的临时常规习惯是多年以来养成的。它们都是现成的，而且经过了无数次的验证，有助于抚平我内心的不安，让我倍感踏实。这些活动包括（不分先后）：远离社交媒体，作家兼创意教练朱莉亚·卡梅伦（Julia Cameron）提倡的晨间笔记（手写3页纸，来激发创造力，倾吐心中的烦恼），使用番茄计时器鼓励自己集中精力写作25分钟，以及午餐后在就近的公园散步30分钟。我把3次休息作为"心灵餐"融入我的一天，这是我从治疗师安娜·马瑟（Anna Mathur）那里学到的。人每天都要吃3顿饭，当然也要喂饱自己的大脑（散步、读书、静坐）。我们不必刻意严格遵循这个常规安排以便从中获益。模仿别人的日常生活并不能助我们走向成功，我们需要打造属于自己的生活方式，掌握各种技能，以备不时之需，从容度过每一天。我们要对自己说“这只是我目前的生活安排”，或者“我不妨试一下”，然后，就有可能再更换新的作息安排。没有什么是永恒不变的，一切都是暂时的。作息安排效果明显，但并非一成不变，我们可以随时灵活地进行调整。

放弃僵化的观念和习惯会产生神奇的力量。顺其自然，哪怕会有些小混乱也无妨，让一切自然发展，不仅是人类的天性，还会出其不意地赐予我们最好的灵感。正如作家塔菲·布罗德瑟·阿克纳（Taffy Brodesser Akner）所写：“有时候需要一点混乱方能成就美好。”人们的灵感并非来自任何秩序或规律，正如生产力并非来自每天每时每刻事无巨细的合理安排，也不是每件事都必须富有成效，更不是一切兴趣都能发展成赚钱的副业。纯粹、自然和快乐地生活也可以成就伟大的事业。

观念的转变

新冠肺炎疫情让我们疲惫不堪，一些人还面临着长期的健康问题。我们不再如疫情前那样精力无限地投入工作。但多亏我的生活教练带我训练，让现在的我更能适应自己的身体。他们教我如何倾听自己的身体（让一位受过训练的专业人士带我了解“身体信息指南针”），优先休息，冷静地与自己对话，最重要的是，让人们看到真实的我。我认识到我一直在用忙碌和事业来掩饰自己，在这一切的背后：谁才是真正的我？在我成为工作狂之前，我是谁？我该怎么回归真我？

现在，当我感到压力过大或过度疲惫吃不消时，我会马上行动起来。在玛莎·贝克和罗温·曼根（Martha Beck & Rowan Mangan）的播客《困惑》(*Bewildered*）中，一集名为“生产效率上瘾者”（The Productivity Addict）的节目，探究了我们应该如何在顺畅的（而非高压的）工作环境中工作，指出这不会降低生产效率，反而会提高生产效率。当我们在压力环境下提高生产效率时，肾上腺素会飙升；当我们在有爱的地方提高生产效率时，我们受到的则是催产素的影响。在我感觉自己有点失控时，他们推荐的以下练习多次助我渡过难关。

1. 把后背靠在椅背或墙上（让身体感觉到轻柔的压力）。

2. 双臂交叉，环抱自己，给自己一个拥抱。

3. 有节奏地缓慢呼吸，呼气时要格外慢。

4. 环顾房间内红色、黄色或者白色的物品。

玛莎认为这些练习之所以能让我们的神经系统平静下来，是因为我们在被掠食者追赶，命悬一线时，我们的呼吸和心率会飙升，这表明我们处于危险之中。通过缓慢而平静地呼吸，我们可以告诉自己的身体：你没有危险，你是安全的，你现在可以悠闲地度过一天，就算你有很多事情要做，那也无须紧张。听起来不错吧？

完全停下来，这对曾经的我来说是一个完全陌生的概念。如今的时代，充满了激动人心的项目、广泛的爱好、无限的互联网机遇、混合的工作模式，以及在社交媒体上的日常分享，我发现很难界定什么才叫纯粹的休息。即使身体不舒服，我们也很难放慢脚步。大多数人都带病工作过。根据罗致恒富公司进行的一项研究，90% 的员工承认自己生病时去上过班。我最近一次开视频会议时，有人一直在咳嗽，说她感染了新冠肺炎病毒。我问她，那你为什么还工作？我让她下线去休息，但她却很坚持，说不想错过这次会议。我感觉今天的会议内容肯定与她在跟进的内容有关，而且已经到最后期限了。她说："疫情期间每个人都会带病工作。"长期以来，我们已经习惯了带病工作，习惯了在看医生时同事对自己翻白眼，习惯了拖着病体进办公室，向他人（也许还向自己？）证明我们是打不倒的，也习惯了请病假只是为了不让老板纠缠我们做紧急工作。到头来弹性工作制让大家在身体不适时更加难以休息，因为工作可以被轻易地带到病床上。

你不必成为工作的殉道者。我们无须带病工作，反而是老板们应该更通情达理：多一点人性化，少一点刻板和冷漠。不过老板们同样也有压力，如此就进入了无限循环中。我们不可能一年 365 天每天都处于高能量状态，只有疯子才能这么做。或许我们应该学学作家、活动家诺娃·瑞德（Nova Reid），她的离职激励了我。"我度过了非同寻常的 18 个月，为推出我的处女作《好盟友》（*The Good Ally*），我进行了一次非常成功的巡回售书活动。在此期间，我非常感谢您的无私帮助和业务支持。我现在要做的是与社会对非洲裔女性期望相反的事情，那就是休息——因为我回来时，这里依旧是欧洲裔至上的天下。而我正在休假，直到……"需要指出的是，诺娃在反种族主义领域的工作让她必须积极保护自己和她的时间，因为参加这项工作会带来巨大的精神和情感损耗。但我们都可以从她的书中汲取力量。我钦佩她，因为她有坚定而清晰的边界感。

我们的大脑……需要放松一下

在这个痴迷生产力的世界，稍稍休息一下并不会减少工作量。我们要彻底改变对生产力的看法。参加我培训的一位新客户向我提出了一个问题：尽管她很疲惫，但放假时她依旧处于工作模式，而她真正想要的是享受假期，放松身心，做做瑜伽，安心地在家躺着。她说，她每天醒来都有一个“清单”在等着她。从做瑜伽到在吊床上躺一躺，所有的事情都列在她的待办清单上，所以即使她在谈论休息，听起来也像在谈工作。是的，她就算躺在热乎乎的沙滩上，却依旧得不到休息，因为她体内有太多积攒已久的焦虑和压力。她对待休息这项任务就像对待集训一样。

我们发现这源于她童年时的经历：从小到大，她的父母从来不允许她有丝毫的放松和休息的念头。小时候，她坐在花园里看书放松，书会被立刻夺走，父母告诉她要做有用的事。她早期的记忆和生活经历的负面影响挥之不去，所以她需要花很多时间才能学会释怀。我们与生产力的关系有时远不止我们对某些常规习惯的偏执，可有时它又确实根深蒂固，难以改变。

许多人觉得，一切都必须在我们完成人生必选项（即必须实现的目标）后才可以停止，如果我们一事无成，就觉得会受到外界的惩罚，其实到头来惩罚我们的就只有我们自己而已。有件事需要认真对待，那就是我们值得为自己规划一次心灵疗伤之旅。

谈话时，说出“我不擅长休息！”这种话的人经常会被认为是可爱的怪人，但大多数情况下这是真的，原因也五花八门，我们的确不擅长休息。我们认为休息不属于“技能”，但它却真的需要练习。亚历克斯・索勇-金・庞（Alex Soojung Kim Pang）（《科学休息》一书的作者）说：“休息就像呼吸或跑步。一方面，它是完全自然的；另一方面，它也可以帮助我们做得更好。”有人说从长远看来，好好休息是为了提高生产力，但我反对这种说法。我们寻求更好的休息方式，就是单纯为了休息。对我来说，周末本该休息，却还要在私底下工作，真的让人深恶痛绝，因为我完全适应不了那种索然寡味的周末。

在这个期待我们永不停歇的世界里，休息就像是一种叛逆。我们如果不懂如何休息，那么无论是待在吊床上或空旷的房间里，还是去眺望海景，当我们再次回到原本的生活时，我们依然会觉得疲惫。我们要接受一个事实：安逸是新型的忙碌。我们要承认，如果某件事要以心理健康为代价，那么这代价就太昂贵了。每个人的身体和心理资源分配都有一个预算：每天都会有一定数量的支出。我们无法维持“永不停息”的生活。休息会让我们在生理层面上获益无穷：我们的心脏更健康、大脑更敏锐、情绪更稳定、免疫力也更强大（还有很多其他数不过来的好处）。不管是从短期还是长期来看，休息不足都会对我们的健康产生负面影响。我们要认真对待休息，也要把它看作是一种更为广泛的文化理念。

我们很多人在小时候会因为做事努力而受到表扬，我们的辛勤劳动被认为给世界带来了价值，所以当我们长大成人，我们就与生产力建立起了相互依赖的关系。现在我们面临的挑战是，如何看到自己身上除生产力之外的内在价值。世界瞬息万变：在葡萄牙，下班后老板给员工发信息是违法的，这项立法顺利通过，对远程工作带来革命性的影响，这是员工们取得的“掌控工作之外的时间”的胜利，也使他们能够回归生活。在法国，自 2016 年以来就有“离线权”这一法定权利，即雇主在工作之外的时间不得与员工联系。

作家兼顾问萨曼莎·克拉克（Samantha Clarke）最近给了我启发，我从而得知其实休息分很多种类型。首先当然包括身体休息，可以通过调节呼吸或放松身体来实现。也有思想休息，包括冥想或跑步；还有社交休息，可以通过与好友见面或打电话来获得愉悦和放松；精神休息，可以通过练习感恩来实现。在一周 7 天里，我一直留心多利用这些宁静时刻，从而感觉到和自己的最基本需求之间拥有了更深刻的联系。

划定生产力边界

直到而立之年，我才感受到发自内心的自信，并以此来接纳真实的自我，而且还自在地为自己的能量设定了界限。我在二十几岁的时候，还没有足够的勇气这样做，仍然觉得自己需要听命于人。当然，内向型的人和外向型的人也有细微差别，我们都在不断变化着。但如果我们给内向型人格下一个更广泛的定义的话，那就是拥有这一人格的人善于在独处或仅限两个人相处的情况中获得能量，而非从更大的群体或社交场合之中获得。在重要工作、社交或群体活动后，我需要尽量给自己安排一个恢复日。这就是我二十几岁时喜欢和外向的朋友住在一起的原因。和她一起做事可以让我把压力丢在脑后。她会像太阳能电池板一样吸收房间里的所有能量，她会存贮这些能量，并将其转化为我们两人共用的能源。她可以从其他人那里为自己充电，而我则感觉我的电量即将耗尽，像一个电量只剩下 1% 的设备在拼命发出哔哔的报警声。我们每天可以给予的能量都是有限的，而每个人给予的能量水平又都各不相同。我最近了解了克里斯蒂娜·米塞兰迪诺（Christine Miserandino）提出的“勺子理论”，这个理论在许多慢性病患者中很流行。她解释每天每个人都可以给世界提供不同数量的“勺子”——每个人拥有的勺子数量都不一样。作家西蒙·斯涅克（Simon Sinek）用“硬币”来比喻能量交换，还描述了我们如何用不同数量的硬币开启我们的每一天。

创造力和写作可以给我提供能量，而非消耗能量。但这也表明我可能会超负荷工作，因为我不知道什么时候该停止。无论我们多么热爱自己的工作，如果它演变成了逃避现实的工具，那么它依然会打破平衡，因为我们的状态会突然与身体不同步（我会在后面的“工作不是人生的全部”一章中深入探讨这种紧张而微妙的关系）。汽车油箱加油过满，反而会有损车辆正常行驶，而且维修成本也很高。我们既要专注于能给自己“勺子”的事情，也要知道什么时候该积极休息，两者要平衡。我很庆幸能规划属于自己的每一天。我为自己工作，又没有孩子，但我觉得，如果不信任、不尊重员工，不按照自己的身体节奏工作，那么职场依然会令人崩溃。对一部分人来说，朝九晚五可能是一天中工作效率最低的时段，因为它既错过了早起者的黎明觉醒时刻，也失去了夜猫子的深夜灵感爆发时段。我们每个人在一天中的不同时间会感到能量激增，只有学会调节自己的能量，让其为我们服务，才能施展真正的“魔法”。

想要放弃提高生产力的期望确实困难，因为这已深深植根于我们对自己的期待之中了，因为别人总是告诉我们，生产力就等于成功，就等于有意义的生活。科学技术帮助我们提高了生产力，但我们自己却未能淡出，让技术和工具（比如机器人吸尘器）帮我们减轻负担，而是用它去做了更多的工作。我们可以通过检查自己的身体来关注自己对生产力的依赖。如果出现没做什么事情却心跳加速，或是饮食不规律，或是忙得没有时间上厕所，或是手上已经有好几项任务了，仍然告诉自己“还可以多做一项”时，就该仔细审视我们对生产力的界定标准了。如果不能退一步，我们就很可能对自己的工作产生错误的看法。

2021 年，记者兼作家安娜 · 科德-雷拉（Anna Codrea-Rado）最早提出了“生产力畸形症”一词。她在为 *Refinery 29*（时尚杂志）写的一篇文章中描述了她写下的一份清单，列出了自新冠肺炎疫情开始以来她所做的一切，其中包括了大量成就，比如“推销和出版了一本书，主办了一场媒体颁奖典礼，创建了两个播客”，写到这里时，她感到不知所措。她接着写道，“唯一让我更加煎熬的是，我一直觉得自己好像什么都没做。”因为总有做不完的事，所以根本无法评估或记录自己的工作效率，这种想法引起了很多读者的共鸣。它抓住了重点，说出了大家的痛处：那就是在现代社会，生产力如此之高的条件下，我们无论取得何等成就都无法脱颖而出，也不会被人细细品味或高声赞扬。我们只是在大量产出，但到最后留给我们的却只剩下无尽的空虚。我问安娜，她觉得她的作品为什么能打动这么多人？她说：“我曾试图捕捉那种无视自身成功的感觉。因此，要具备超高的效率，还要真正努力地多做事，以取得更多的成就，但不知何故，我们却无法享受到生产力提高所带来的成果。”生产力越发达，我们反而越享受不到成功的喜悦，越无法认可自己。一路走来，也许我们可以少关注一些目标，不再盯着那一长串令人压抑的工作清单，而是去庆祝自己的成就。其实我们取得的成就越多，我们就越会无视它。

为了生产力而提高生产力从来都不是一件好事，因为这是一场无休无止的游戏。除了追求生产力，还有另一种方法可以衡量我们的进步，那就是认可自己的成功。我的一个朋友专门为自己写了一本“成功日记”，记录了一路上所有或小或大的成就，这样她就可以提醒自己已经走了多远。如果仅仅是在最后时刻做个记录，那也没有什么用处，重要的是要去为你当时正在做的事情喝彩。

有时，我们会用“忙碌”来分散我们做重大生活决定时的注意力。我们用工作、日记和别人的需求来掩盖自我的感受。在辅导课程中，我发现大多数人会出于恐惧而拖延。如果结果可能是失败，为什么还要那么麻烦地去写书、去进行马拉松训练或创业呢？他们会选择无关紧要又毫无意义的任务来打发时间，而不是专注于重要的目标。制定一个我们真正关心的目标并不容易，我们如何才能做到这一点呢？

结果性目标 vs 过程性目标

我想回到下面这个问题上：如果你经历了巨大的痛苦才实现个人目标，那么你最终取得的成功算是真正的成功吗？最近，我一直在思考如何享受获得成功的过程，而不是终日陷入获得成功的白日梦之中。自从我发现“过程性目标”和“结果性目标”之间的区别后，一切都变得不一样了。结果性目标看重的是最终结果，就像跑马拉松一样；而过程性目标则可以理解为“为马拉松比赛而训练”，甚至是“享受马拉松比赛的训练”。过程性目标不仅仅是目标本身，更是体验本身，为过程而存在，关注花在事情本身上的时间，并在这一过程中学会为自己欢呼庆祝。这段时间以来，我一直专注于过程目标，努力尽我所能地享受写作，而不仅仅是关注它出版的那一刻。否则，不管我做得有多好，最终目标和我一直在期待的感觉，都会让我觉得虎头蛇尾。我们一生中的大部分时间都是在“做”而不是“得”，所以我们不妨享受这个过程。

以下是结果性目标与过程性目标的一些示例。

- 重点不在于“我要写一本书”（结果性目标），而在于“我要每天写作 20 分钟”（过程性目标）。
- 与其说“我要完成年初定下的阅读目标”（结果性目标），不如说“我每个星期天都要阅读半小时”（过程性目标）。
- 与其说“我要得奥斯卡奖”（结果性目标），不如说要如何在电影制作的日常中找寻乐趣（过程性目标）。
- 与其说“我会变得非常健康”（结果性目标），不如说“我要完成一周 3 次居家晨练目标”（过程性目标）。

在享受实现目标的过程中，我们会得到意外的收获，从而更加成功，这是因为我们会更投入、更有动力、更加专注。心理学家爱玛·赫本（Emma Hepburn）对此表示赞同：“大量证据表明，如果我们能够专注并享受过程，而不是仅仅关注最终目标，就更能享受并实现目标。例如，锻炼身体代表要去享受锻炼过程中的感觉，而不是试图达到目标体重。拥有一份工作，并将它视为你人生中的重要组成部分，而不是一心只想着升职。放弃前往虚无‘天堂’的想法吧，这样你就可以把注意力转移到当下，找到你的‘存在的意义’，而不是去期待实现那些虚假的梦想。”

社会和职场迫使我们不断提高生产力。这种观念在我们的社会中根深蒂固，以至于许多人退休后发现自己仍在忙碌，因为他们不知道还有其他活法。假如别人从小就告诉我们要一直工作，不停工作，让自己功成名就，那也难怪我们不懂该如何享受休息。终日忙忙忙碌并不会让我们有所作为，它只会让我们压力过大、身心疲惫。作为一个社会群体，我们应该学习休息的艺术；作为个人，我们可以从现在开始就设定好自己的边界，并在付出之外看到自我的价值。只有这样，我们才能真正享受实现目标的过程。

本章反思

1. **当你觉得自己一整天的工作毫无成效时，你会如何安慰自己？**创造、发展、工作是人的本性。但有时身体会告诉我们应该放慢速度。当你需要休息时，你会跟自己说哪些隽语箴言来抚慰自己？我会这样告诉自己："你值得无条件无理由地好好休息。"
2. **你给自己带来了哪些生产力压力？**当你觉得自己总是忙于工作时，你会如何对待自己和他人？你能减少你的待办事项吗？你会给同样在你的位置上挣扎的朋友什么建议？生产力是否意味着完成紧急任务，而不是让自己百事缠身？写一份新的待办清单，尽量拖后截止日期，或者争取更多的时间。试着多按自己的方式行事。
3. **当你提高生产力（或是已经颇有效率）时，你追求的是什么感觉？**这将帮助你确定那种感觉是否真的来源于你的高产出状态，或者，到底有没有别的方式同样也可以产生此种感觉。你相信生产力会让你感到满足吗？你在寻求满足感吗？你想安定下来吗？你想向自己证明什么吗？有没有其他方式可以让自己在身体上感觉更好呢？

4. **在你看来，合适的心理健康假是什么样子的？**孔子曾说过："既来之，则安之。"如果我们即使去度假，也无法摆脱自己的紧张和焦虑，那么我们如何让忙碌了一天的大脑得到短暂的休息呢？你能读一页书，安静地坐一会儿或打个盹儿吗？在你看来，短暂的休息时刻是什么样的？
5. **日常固定的作息对你有无帮助？**不遵循固定作息，或是制订一个简单计划都是行得通的。你理想中的一天是如何度过的？确保其中包含了休息时间。
6. **身体检查**。我们的身体储存了大量信息，包括我们的感受、能力，以及我们必需的一切。每当你因为答应在超短时限内完成工作任务而感到恐慌、焦虑或后怕时，切记要仔细考虑一下自身状态和身体状况，看看能否进行自我调整（见第2点）。如果可以不做这个工作，那就不要去做。

The Success Myth

第四章

工作不是人生的全部

The "You Are Your Job" Myth

我们追求富有，不过是为了不为金钱所束缚；我们追求地位，不过是为了不为权势所束缚；我们追求知识，不过是为了不为愚昧所束缚；我们追求健康，不过是为了不为疾病所束缚。

——摘自佚名

几年前的一个下午，一位按摩治疗师问我有什么爱好，我却因为这个问题而手心冒汗。她手里拿着笔记板，上面放着我刚刚填写的“我的生活方式”咨询表。我没填“爱好”这一栏。“你一定有感兴趣的事吧？哪怕是很小的事。”她试探着说。并不是说我认为每个人都应该有正儿八经的爱好，但我肯定能够想起目前自己在工作之外的娱乐和享受。我上一次庆祝节日是在什么时候？观看演出呢？自己去看电影呢？去游泳呢？我的“爱好”竟然不存在，这个事实只是在提醒我，我的一切价值都只与工作有关。我清楚地意识到原来我除了工作，一无所是。那一瞬间，我泪如泉涌。从那一刻起，我开始接受和改变，不再假装若无其事。

第一次听到“工作不是你人生的全部”这句话时，我特别排斥，立刻就进行了反驳。对一些人来说，工作是我们消磨时光的主要方式。当然，在某种程度上，我们是我们的工作，因为我们在工作上花了很多时间，它已经成了我们身上不可分割的一部分。我以为，因为工作给了我创造力，所以它一定会是我个性中的重要部分。我喜欢读书，喜欢写作，喜欢采访，这就是我。但托尼·莫里森有句精彩的名言——“工作决定不了你的人生；你的人生应为自己而活”——让我不禁思考，既然我敬佩的人都这么说了，我就很难继续否认了。我意识到，越是把自己的个性和工作混为一谈，我就越不开心。我越是给自己打上“作家”的烙印，就越将自己的作品视为一切，就越难以感受到真正的自我。我首先是一个人，一个超脱于我所做的事情之外的个体。

难怪我们许多人都会对自己的工作如此投入。在社交媒体机构工作时，我注意到他们经常使用“公司家庭”这个词，并经常发放福利津贴以防止员工离职。我可以得到免费的工作旅行，可以在公司喝啤酒、玩游戏。起初这似乎很有趣。20 多岁的我，全身心扑在工作上，没有发觉这些其实都是危险信号。我很快意识到，如果你是单身，没有真正的家庭生活，你就更有可能被当成一位“团队成员”。尤其是在职业生涯早期，你会很容易认为你的全部自我价值、取得的成就、荣誉都与你的

“了不起的”工作息息相关。你放弃了你生活的其他部分，最后也失去了生活的乐趣。

我们的工作最能体现“我们的人生定位”，这种想法往往是一个陷阱。因为工作只是一种赚钱的方式，所以它永远无法决定我们的人生定位，起码不全是。既可以完全做真正的自己，同时还能以此谋生，这几乎是不可能的。人们普遍认为我们应该去追随自己的梦想，在职业生涯中展示出真我。有些人追求既能带来地位和金钱，又能实现自我价值的工作，而由此产生的巨大压力会让他们陷入财务危机。两者兼得并非不可能，但绝非易事——第一章中提过这是多种因素共同作用的结果，比如运气和时机。找到一份能够赚钱但无法展现真正自我的工作并不丢人。如果你的全职工作不能带给你最大的快乐，那它也不会让你成为失败者。如果我们不想，工作就不会成为我们的全部。如果你确实从自己喜欢的事情中赚到了钱，即使是好莱坞演员也不会完全只从自身真正热爱的工作中赚钱——他们要签署赞助协议，或者出演大片只为获得丰厚的片酬，这可以让他们自由去做虽然赚不到太多钱但是更有意义的事。斯坦利·图奇（Stanley Tucci）在《品味》（*Taste*）一书中，讲述了出生于罗马尼亚的美国演员爱德华·G. 罗宾逊（Edward G. Robinson）的故事。在好莱坞的黄金时代，他每年拍 3 部电影，一部为赚钱，一部为满足自身的热爱，一部为其公众形象和社会地位。我们都要做重要决策，每个人的决策也各不相同。这就是我推崇多面手法则的原因，利用不同的契机从事不同的工作，扩大收入渠道，从而把自己的蛋糕做大。

通过探索工作与我们自身身份的关系，我们可以找到将自我与工作分离的方法。我们拨开迷雾，找到内心深处真正的自己，并找到属于自己的精彩人生。

新型工作身份

我们都听说过这样一句话："人在临终之际，从来不会后悔自己在办公室待的时间不够多。"话虽如此，但我们似乎无法将自己从中解脱出来，工作会在不知不觉中渗透到我们生活的方方面面。想从工作中解脱出来真可谓难之又难，因为工作占据了我们大部分的生活。尽管我们与工作的关系永远无法达到我们心目中期待的平衡状态，但是二者息息相关，值得关注和深刻思考。

现在的工作和以往的已不可同日而语，我们始终难以跟上它的节奏。成长至今，我们一直认为必须坚守一个有前途的事业不能放弃。但终身工作已经不复存在了，5 年计划的想法似乎已经过时了，我们甚至都不知道 5 年后的世界会是什么样子的。比如，现在回头想想我爷爷工作时的世界，感觉简直太遥远了。他一辈子都待在同一家公司，工作稳定，福利待遇好，又有归属感，也不必因担心"创新"或"转型"而随时关注每件事。他只需要完成分内的工作即可。而现在，众多企业都在以惊人的速度变化、发展或衰落，没有企业可以一直屹立不倒。

那么，在这样一个动荡不安、日新月异的世界里，年轻人的工作出路又在哪里呢？许多年轻人发现，利用自己的身份赚取收入是一种最佳方式。正如专栏作家伊娃·怀斯曼（Eva Wiseman）所说，“行业领袖、企业家、自由职业者、网店店主、瑜伽工作室老板、爆炸浴盐制造商，这些人都创意满满，能够主宰自己的生活，却又‘生不逢时’，在传统的行业或职场中无法找到安全感，因此，为了正常生活，他们不得不将自己的生活转化为工作，把职业当成了自己的人生定位。”尽管我们早已在书中得知，互联网已经为我们营造了公平的竞争环境，但还是有许多人不得已将工作作为自己的身份定位，因为除了工作，我们再无其他途径获得安全感。工作不是终身制，雇主不再保障我们的生计和住房，所以我们只能利用自己所拥有的——身份和互联网——在此情况下，我们还要把自己的身份货币化或创建个人品牌。这在一部分人身上的确行之有效。如果这个世界连基本的生活保障都没有，谁还会去吐槽TikTok的网红和《爱情岛》真人秀的模仿者？一旦拥有了某种生存的手段，我们会竭尽所能地以此来建立安全感。这并不代表年轻人希望把自己的工作当成人生的全部，而是他们并没有太多选择。这意味着我们要看清两者之间的不同，才不至于沦为工作的奴隶。

生存模式往往会模糊工作和生活之间的界限。对工作的痴迷只是少数社会可接受的嗜好之一，但这种嗜好却抹杀了工作与生活的界限。没有人会让你停下来。我们依然会因为工作量与日俱增、在办公室加班过夜而受到赞扬，即使这样做会让我们生病。工作时，我总可以设法让自己全身心投入其中。

有时，工作的确成了我们生活的全部，也是直到那时，我们才意识到它的危害有多大，让我们付出的代价有多么沉重。就我而言，忙碌已经成为常态，因为我经常把自己当作商品来推销。我做自由职业时，设立了一个数字平台，使用我从世界一流社交媒体编辑们那里学到的一切工具，来宣传我最好的一面。打造“个人品牌”对我的成功至关重要。然而，尽管我不是一个“名人”，我也发现，一开始，把自己包装成一个可在网上售卖的实体确实令人兴奋，但后来我又觉得这么做毫无人性。通过将我的自我价值与工作联系起来，我为自己和自己作为人的人生目标赋予了商业价值。我把自己降级成为一种待售的产品，抛弃了自我和本性，只向人们展示自己“最光鲜亮丽的一面”，却把所有的辛酸狼狈都隐藏了。你穿的衣服要吸引人们的眼球，你要把自己当成一种商品，是否在出卖自我并不重要——这就是这个游戏的本质。而且我知道像我这样的人不在少数。最近，在史蒂夫·巴特利特（Steven Bartlett）的“CEO日记”（Diary of a CEO）播客上，英国零售业巨头玛丽·波塔斯（Mary Portas）谈及她是如何将头发恢复到自然色的，因为人们一开始只认她是出名的“橙色波波头”。她提到了刻意模仿给自己带来的那种孤独感，以及“个人品牌”的建立像是一场表演，人们无法看到的商业形象背后那个真实的自己。我们现在已经意识到活在“个人品牌”的光环里对我们的心理健康极为不利。

以人为本

首先，我们是否被当作一个人看待，对我们的幸福至关重要，但在许多情况下，人们依旧没有得到足够的尊重。《心理学前沿》杂志（*Frontiers in Psychology*）在2021年的一项研究探讨了“工作场所的物化”，即将员工视为“工人”而非“人”。他们研究了“非人化指标”以及员工被贬低、被物化的方式——例如，员工只会因其价值或技能而得到认可，或者只被当作“花瓶”，或者被视为没有思想、没有情绪的物体。他们发现，物化的后果导致了越来越严重的职业倦怠、工作满意度下滑和焦虑抑郁等问题。这并没有什么可大惊小怪的。

人们一旦获得成功，就会遭到社会“去人性化”的待遇。尽管他们拥有很多能力和优势，依旧首先被视为一个“打工人”，其次才是一个“人”。一个人越成功，人们就越会把他当成公共财产。正如卡罗林·奥多霍诺（Caroline O’ Donoghue）在《爱尔兰观察报》（*Irish Examine*r）上说，她与她的朋友，作家多莉·奥尔德顿（Dolly Alderton）交谈时说，“……当你做了一件事并取得成功时，周围的每个人都会希望你继续尽最大努力来取得更大的成功。他们会让你参加更多的活动和采访，在更多的场合公开露面，拍摄更多的杂志封面。你觉得你同意做这些事情，只是在完成自己的工作，但实际上人们一直都将你当作市场上的一件商品，并没把你视为一个真正的人。”人一旦成功之后，就变成了一件商品，可以被压榨到筋疲力尽、情绪崩溃。如果不设定界限，就会面临被利用的风险，深陷窘境，无法脱身。

但是，我们不应因此责怪老板或周围的人。有时这就是我们给自己贴标签的方式，是我们自己画地为牢，禁锢了自己。正如阿瑟 · C. 布鲁克斯（Arthur C. Brookes）在他的文章《你不是你的工作》中所写：我认识很多人，他们除了工作几乎无话可谈。本质上，他们就是在说“工作就是我的全部”。这可能比直接说“我是老板的工具”更人性化和自主化，但这种说法有一个致命的缺陷：理论上，你可以抛弃老板，找到一份新工作。但是你不能抛弃“工作就是我的全部”这个想法，它会让你进入无限循环中，用加倍的努力工作来验证自己的自我价值，却忽视了真实的自我。你变成了一个盈利工具，而不再是那个寻找快乐的自己。通过工作来定义自己，无论你如何做，都会让你远离一个事实，那就是你的价值只在于你的内在人性。

重新定义“冒充者综合征”

做违背人性的事情，不能做真实的自己，可能会让我们患上“冒充者综合征”。我们在为家人举办生日聚会、在洗澡或在吃汉堡时，是不会出现冒充者综合征的，因为这些只是我们所做的事情而已。而当我们让自己以某种方式表演或工作时，难免会感觉自己是个骗子，因为这些事情在严格意义上是违背我们内心意愿的。我们内心深处认为，工作不是我们的全部，所以在某种程度上我们都是骗子。就我个人而言，我不喜欢将其描述为一种“综合征”。《哈佛商业评论》（*Harvard Business Review*）的一篇文章指出，冒充者综合征是一种更容易发生在女性身上的病症。而实际上，把它诊断为一种病症行为本身就有问题。

我们彬彬有礼地坐在工作台前说着最动听的语言，或者在不见天日的工位旁工作一整天，或者为牙膏品牌写广告，多多少少都会感觉不自然，我们可能会觉得这些不是很像“我们”作为人要做的事情。当然，有些时刻我们会觉得自己与工作一致，相对于自我否定的时刻，关注这些时刻会大有益处。例如，帮助新同事、参加公开演讲或提供创造性解决方案会让我们感觉到自己的天赋，看到自己的能力，因为我们真的在做有意义的事。但工作就是工作，我们不可能在赚钱的同时，又可以一直满足内心和灵魂的需求。

如果我们的外在表现与内心的真实想法不一致，我们就会觉得自己是一个伪装者。我们对自己工作的所有细节都了如指掌，当然也包括其他人看不到的。别人看到的都是经过编辑的图书，而我看到的是自己不堪卒读的初稿。每当这时，我总会想起父亲的忠告：凡事留一点怀疑总是好的。这一点怀疑让我在提交重要作品前会重读一遍；这一点怀疑让我在过马路前会小心观看路况；这一点怀疑还会让我记得要抽空去见见朋友。冒充者综合征不需要我们去克服，我们也没有必要同自己的情绪和感受作斗争。相反，我们可以通过语言或写作把这些情绪发泄出来，学会接纳并坦然面对它们。我们要对自己有信心，坚信自己能够成功。自信不一定要大声地说出来，也不一定要居高临下，我们可以平静而温和地完成自己的决定，这对我们来说同样意义非凡。总有一种比试图打败对手更温和的前进方式。当我们的行动与内心更加真实一致时，我们作为伪装者的感觉也会减少。

心存一定程度的怀疑并不是一种疾病，无须治疗。怀疑不是错，但如果让冒充者综合征占了上风，怀疑就会带来巨大的自我伤害，让我们因为自己的不完美而充满愧疚和自责。我们可以将其重新定义，如果一个人觉得自己从未真正掌握自己领域的知识和技能，认为自己是个冒牌货，这也从另一个角度证明了他一直在学习和成长，人类永远不可能将世间万物了然于心。正如作家兼市场营销专家赛斯·戈丁（Seth Godin）所说，“是的，你在伪装自己。我也在伪装自己，其他人也在伪装。大家都在伪装自己，那些大人物们也可能在做一些没有意义和没有价值的事情。”我十分欣赏他的这个观点。如果我们认为自己是伪装者，那表示我们可能正在追逐一些自己感兴趣的新奇事物，可能是创办一家新公司，初为人父母，或者尝试某个令人兴奋的新工作。当一件事对我们来说意义重大，但我们又没有完全将其弄清楚时，我们会怀疑它，或者怀疑自己，这都是可以理解的。我们可以把自己想象成一个探险家，而不是一个冒牌货。我们还可以这样想：就业市场不断发展进化，就算我们有冒充者综合征的症状，我们也永远不可能伪装自己的内心。

误解：你的人生定位无法更改

事业进展顺利时，我们会认为工作就是我们生命的全部，这没有问题，而当我们对工作失去兴趣，兴趣爱好改变了或完全失去工作时又该怎么办呢？我们会对自己的过度工作倾向产生戒备心理，因为我们知道自己的工作以及为此投入的所有时间和努力都缺乏坚实的基础，个人的人生定位亦是如此。我们是如此执着于成为“成就非凡的人”，所以才把工作当成在这个世界打拼的武器，以此来提升自我价值。我们追求成功、金钱、名声或者别的东西时，实际上追求的都只是一种感觉，生活教练和心理学家都证明了这一点。我所追求的满足感、自我价值感、平静感和身心的充实感，都属于内心的感觉层面。执着于个人的职业定位其实只是一种掩饰，以此来转移注意力，逃避真实的自我。

如果工作没有带给我们想要的满足感，又会怎样呢？我采访了《独处：如何独自工作》（*SOLO*）一书的作者瑞贝卡·希尔（Rebecca Seal），她详细阐述了一个事实，即过分看重自己的工作身份，就会在事业不成功时备受打击。她谈到了我们是如何将自我价值与生活中不可控的因素混为一谈的：“如果你是一名作家、会计师或讲师，而且你将这个身份看得比其他一切都重要。那么如果你把这个工作搞砸了，会发生什么事呢？你会因为过于在乎这个身份，而承受更加巨大的心理打击。”瑞贝卡发现，工作不顺时，她会把它当成自己的一次重大失败，而不是一时失利。所以现在的她把自己的身份定位为“更均衡地分配在生活的不同方面，对出现的问题不再那么较真，对自己也不过分苛刻”。如果对生活中的“成功”或“失败”不那么在意，我们会过得更快乐、更轻松，不知道这是不是问题的关键。瑞贝卡继续说道：“在道德层面上，我不赞同工作成就是个人价值最好的体现。当然，人人都要谋生，但是什么时候把工作当成生活的重中之重也成了理所当然了？它只是个工作而已。”尽管我内心深处知道这是真的，但听到这些仍然会不舒服。我喜欢我的工作，我的工作对我来说确实很重要；瑞贝卡说得也很对，工作并不能体现一个人最真实的价值，这一点毋庸置疑。看到自己身上的闪光点，而不奢望得到别人的称赞、认可或奖励，真的很有挑战性。记住，它只是一份工作而已。

我曾问过作家兼广播员盖内尔·阿尔德雷德（Genelle Aldred）关于工作身份的问题，她说：“过于重视工作的弊端（特别是当它不受你控制时）在于工作可以被取代，如果失去了工作，你到底是谁？你不会希望每次变化时，都发生这样的生存危机吧。”这种危机就连英国歌手、演员哈里·斯泰尔斯（Harry Styles）在接受赞恩·洛（Zane Lowe）的采访时也说过：“工作并不是我的全部，只是我所做的事情。很长时间以来，如果我不唱歌、不表演了，我真的不知道自己是谁——这真的很可怕——因为如果一切结束，我真不知道自己该怎么办？……现在，我不再觉得我整个人的幸福感要取决于一首歌是表现平平还是广受好评。”

陪自己坐下来，将工作抛之脑后，问问自己，自己到底是谁？这么做真的很有趣。当我们把自己紧紧禁锢于工作中时，我们就会失去对自己而言真正重要的东西。我发现，在我是工作狂的那段时间里，我失去了自己有趣的一面，还有自己搞笑的一面。我翻看照片，竟然没看到那时的自己有微笑或大笑的时刻。我才意识到我已经很长时间没有捧腹大笑过了，都是因为太忙了，忙于实现人生目标，被压得喘不动气。一生中，除了追求成功，我们还有很多其他值得追寻的快乐。

心理学家艾玛·赫本（Emma Hepburn）的精彩著作《幸福工具箱》（*A Toolkit for Modern Life*）帮我度过了人生的许多低谷期，她说："既能让你的工作稳定发展，又能拥有你工作之外的身份定位，在两者之间达到平衡至关重要。"我用的是"帽子法"，我要确定自己在任何时间都知道自己戴的是哪顶"帽子"。我把它定义为一个多面手法则，在一天或一周的时间里可以多戴几顶帽子。多面手并不表示要同时处理多个任务。它代表你生活中的不同部分，我们可以从中构建一个相对均衡的身份定位，而不是把所有的精力都投入一种工作或生活方式中。我曾经想把所有东西都融合在一起，但我意识到我可以成为一个完整的人，可以在充实生活的同时，平衡自己的不同身份，能够接纳不同的自己。在家工作时，我必须设定界限，这样我的工作和家庭生活就不会完全混淆在一起。在办公室工作时，每天下班后我都会把门关上，以一种健康的方式实现角色的切换，这对我来说特别重要，尤其是我经常要指导别人，必须处于一种高度专注的状态为客户服务。在那一刻，我的身份是一名教练。但晚些时候，我可能会出现在舞台上，我的身份就是作家和演员。我现在全盘接受了所有不一样的自己，即便有时也会犯错，也会自相矛盾。我并非只有一面，我有很多面。我可以协调我所有不同的面，并且感知它们、欣赏它们。

概括说来，我也是用“工作”帽子和“家庭”帽子实现这种平衡的。戴着工作帽子，我会完全专注于工作，可一旦换上家庭帽子，我就会停止工作。这也有助于我更灵活地工作。如果我周二休息了一下，我会在周六重新戴上工作帽子来出色地完成工作任务。我有单独的个人手机和工作手机，社交媒体上也有各自的账号。我们应该竭尽所能划清工作和生活的界限，毕竟一个人无法同时戴多顶帽子，拥有多种身份（这会让人吃不消的）。

在这个世界上，大家都觉得工作成就才是自己存在的理由，有时候也很难摈弃“工作是人生的全部”的观念。其实有很多方法可以分清不同的自我，我们应该善待自己的不同方面。当我们所有不同的身份都能和谐相处时，这种感觉非常棒——每个人都有不同的身份，它们构成了我们的整体。当一个人内心所有的个体自我都受到关注时，这个人才会觉察到真实的自己，从而实现个体自我与作为整体自我的完美融合。也许这就是平衡的感觉。

本章反思

1. **描述一下你工作之外的身份。**写一份与工作、赚钱或成就无关的身份列表。例如：我是艾玛，我是女儿、姐姐、妻子和姑姑；我喜欢穿花哨的衣服，喜欢听 80 年代的音乐，喜欢坐在花园里，会照顾邻居家的狗，喜欢喝热巧克力。这种反思让你感觉如何?

2. **你如何定义你在非工作状态下的“自我”**？承认并接纳自我的这一部分。它和你在工作中的表现可能略有不同，这没关系。找到你可以用来让你切换到工作模式的工具——例如，每当我在台上谈论我的工作时，我都戴着一副厚眼镜，它能帮我与这个身份的自己建立联系。而在家时我会戴浅色眼镜。我的两面都是真实的，只是身份不同而已。
3. **工作中的哪些部分最让你觉得自己像个“伪装者”**？我们都有怀疑时刻，所以花点时间思考一下，你觉得自己是个伪装者是因为你在尝试新事物，还是因为感觉它与你外在的表现不太一致。如果你正在尝试新事物，那么即使感到不稳定，也同样令人兴奋。如果你是因为感觉工作状态不太真实而产生冒充者综合征，可以采取哪些小窍门来将其与真实的你同步呢? 你能做什么调整，能改变什么，或者能向谁倾诉一下呢?
4. **在工作和家庭之间设立更多的界限**。可以是心理上的界限，比如在从事工作项目和个人项目时听不同的音乐，也可以是物理上的界限，比如在一天结束时关上办公室的门等。公开明确你的界限标准，尽量严格不要留有余地（例如，如果可以的话，不要在你离开办公室时说“如果有紧急情况，请打电话给我”这样的话）。让家人和朋友知道你不想在假期里谈论工作。采用不同的方式来避开这个话题，并与你所爱的人坦诚沟通。

The Success Myth

第五章

名人效应背后的真相

The Celebrity Myth

“我蜷缩着身体，任由眼泪控制不住地往下流。我为何哭泣呢？在外人眼里，我一切都好。足球生涯顺风顺水，活跃在电视荧幕上，生活富足，我怎么还能如此伤心？这难道还不是完美的人生吗？”

——亚历克斯·斯科特（Alex Scott）录制史蒂夫·巴特利特（Steven Bartlett）“CEO 日记”博客时所言

在 2016 年的金球奖颁奖典礼上，金·凯瑞（Jim Carrey）发言称：“我是两届金球奖得主金·凯瑞，我每天做梦都想获得第三次金球奖，因为那个时候的我‘堪称完美’……”经典的凯瑞式话风，演讲一如既往的诙谐有趣。但更有趣的当属台下成功人士们的反应，笑声里充斥着紧张感，因为他们清楚地知道，即便赢得了下一场胜利，也解决不了自己的问题。

虽然并非人人都想成为名人，但每个人都有可能陷入追求名声和地位的陷阱。“名人”（celebrity）一词源自拉丁语 celebritas，意为庆典、名声，具有积极的含义。拉丁单词 fama 则多指名气、声望、谣言，还有新闻。很少有人只渴望“名气”，因为这可能伴随着不实的谣言和频繁出现在新闻中的困扰。但是“名人”的概念却受到了大众的追捧，吸引了那些想要获得外界认可的人们。据《哥伦比亚杂志》（*Columbia*）报道，“古典时代和中世纪时期追求名气的人们希望自己死后被人铭记。当今的名人，则希望在有生之年享有盛誉。”如今，最高荣誉是指成为“国宝”或“家喻户晓的人物”。无论能否达到这样的高度，被人熟知或自己的行为受到赞扬这样的事，对很多人来说是充满吸引力的。我们渴望得到外界的认可，尽管每个人对认可方式的理解可能有所不同。

成名仍然是许多年轻人——或任何年龄段的人的目标。可是，那些外界看来拥有“幸福”全部要素——无尽财富、安全感以及极高认可度——的名人仍在谈论自己的不幸。在这样的前提下，为什么我们仍执着地在受到崇拜与最终成功之间画等号，以此作为“幸福美满”的代名词呢？为什么公众和媒体要从去人格化的角度看待名人？为什么我们认定名人的生活一定比我们的好得多，压力也小得多？

我曾短暂从事过女性杂志的工作，在此期间，编辑让我去查查某位女演员是否秘密怀孕，而非挖掘她如何依靠自己的才华成就了感人至深、好评如潮的影片。这就是这份工作的本质：名人从头到尾都是待出售的产品。大众有权了解他们的一举一动，谁让他们既有名又有利。

从这个角度以及我在杂志行业的亲身经历来看，名气似乎并不值得追求，因为它可能使我们陷入另外一种困境。

想要受人瞩目并得到认可是人的本性。追求名气，或者说对赞美和掌声的渴望，通常被称为“自我成瘾”。这听起来有些消极，但并非完全是坏事。在一个奖罚机制鲜明的社会，有地位的人理应得到奖励。精神分析研究表明，“自我”是个体心灵中有意识的那部分，负责构建自我形象，同时也是与外部世界互动最密切的部分。我们追求名气，通常是为了满足自我需求。相比之下，为他人提供服务或有所作为的动机，则较少以自我为主导，更多的是为了向集体提供价值。社交媒体将单纯为获得名气而出名的观念理想化，因为粉丝数量成了显示地位的新方式。研究表明，缺乏安全感且自尊心强的人对名气的渴望更强烈，但正如文章接下来要说的，这并非解决问题之法。

《地位游戏》（*The Status Game*）一书的作者威尔·斯托尔（Will Storr）告诉我：“地位极大地影响了我们对成功的渴望。事实上，这两者是一回事。我们已经进化到渴望地位——渴望受到他人重视的阶段——因为我们是群体动物。人类在不断进化的过程中发现，一旦证明自己对群体有价值，自身地位就会有所提高——外界会给予自己更高的评价——而这又带来了诸如更多的食物来源、更安全的休息场所、更大的影响力，以及更多选择配偶的机会等丰厚的回报。”由此看来，追求地位极有意义，因为它直接关系到更高的生活水平。即使是现在，我们也能看到类似的情况，只要有了一定数量的粉丝，就意味着可以得到些免费的好处，比如在高档餐厅用餐或者入住酒店。通过不同方式获得的地位，都可以极大地改善一个人的生活，那么追名逐利何乐而不为呢？

但是，正如我们一贯追逐的许多事物一样，即便我们最后获得了名气和地位，也不意味着获得了永恒的幸福。斯托尔提醒我们："没有幸福的结局——我们总是想要更多，因为在潜意识里，我们追求的一个主要目标便是地位，而地位又总在变化。没有人可以一直身居高位或始终处在某个位置上。地位总会有升有降，也总会有人超越你。"只有我们意识到自己有多么渴望某个位置，才能发现对地位的渴望在多大程度上主宰了我们的生活。问题就在于，如果我们不再迫切地追求地位，是否能更轻易地体会到真正的成功呢？追逐地位往往是一种陷阱，会妨碍我们正视生活中已经取得的成功。杰克·康菲尔德（Jack Kornfield）说："在生命的尽头，很少会有人问'我的银行账户里有多少钱？''我拥有了多高的社会地位？'而是会问，'我是否真的爱过某人？''我这一生是否过得充实？''我学会放手了吗？'"我们对地位的渴求常常导致我们走上错误的道路，找到错误的伴侣，或者从事错误的工作；我们对地位的追逐，甚至让我们不惜为了外部的认可而展示虚伪的自己，使我们完全背离通往真正幸福的道路。

我成长于20世纪头十年，父母则是婴儿潮一代。那个年代的名人已经成了人们崇拜的对象，或者或多或少被人们熟知。亲朋好友就像认识他们一样，熟络地聊到："汤姆·克鲁斯（Tom Cruise）最近忙什么呢？"据《大西洋月刊》报道，"婴儿潮一代同样也是消费者一代。他们成长于电视时代，在卧室里就见证了大众媒体的兴起。他们接触了既性感又融合了多种民族风格的摇滚乐——猫王（Elvis）、吉米·亨德里克斯（Jimi Hendrix）、披头士（the Beatles）都是著名的摇滚人——而这一切都得益于世界上第一批大规模观众群体的推动和支持。”这也是持消费主义的父母在培养孩子的过程中，难免将名气和名人挂在嘴边的原因。从很小的时候起，我就意识到名人要比普通人重要得多。因为人们总愿意听从名人的话，对他们极其重视，并渴望与他们产生联系。名人的观点也极有分量。人们总围着名人转，想成为他们中的一员，近距离接触他们。这也难怪我最终进入了杂志行业，名人和他们的生活对我来说实在太有吸引力了。每次我和妈妈逛赛恩斯伯里超市，其他的孩子都会跑到巧克力和糖果区，只有我会跑到杂志区，尽情欣赏杂志封面，猜想这些名人的幕后生活。

电视真人秀 vs 现实

婴儿潮一代是在电视时代长大的，而千禧一代则是在电视真人秀时代长大的。2000 年，《老大哥》第一季开始播出，很快就成了家喻户晓的节目，也成了英国第四频道最成功的节目，非常受大众欢迎，这标志着电视行业新时代的开始。据《卫报》报道，第一季节目收到了大量电话投票，在线点击率极高：“2000 万通电话（其中 740 万通是为了最后的决赛）以及 2 亿次的网页浏览量。”随后，威尔·杨（Will Young）于

2002 年赢得了流行偶像奖，那年我 13 岁。此节目最火爆的时期，收视人数高达 1390 万，占总电视收视人群的 59% 以上。对于从默默无闻中脱颖而出的个人来说，这实在是无法想象的关注度。作为一名狂热观众，我并不了解屏幕里那个真实的人，只是觉得他们过的是我梦想中的生活：登上世界舞台，出现在各种媒体的头版头条，无论走到哪里，都伴随着观众的掌声与欢呼。这难道不是人人都想要的吗？他们当时可是处在成功和名望的巅峰啊！这些天选之子们一夜成名，金钱、地位纷至沓来。我过去常常幻想自己赢得某真人秀唱歌比赛的场景（可事实上我并不会唱歌）。

时间快进到 2017 年，我来到威尔·杨位于伦敦的家中，为筹备播客节目对他进行采访。我记得当时他赤着脚，非常热情友好。我们坐在他的下沉式沙发上聊天，狗狗趴在一边，周围摆满了各种各样的书和艺术品。但生活并非总如表面那样，即使对“名人”也是如此。自那天以后，威尔鼓起勇气谈起了自己的心理健康问题和焦虑的事情，以及过去所受的创伤。这不禁令人深思：品尝了成名的滋味并获得了“成功”，却依然无法使人远离现实生活的烦恼，反而使人沉默不语，丧失了表达自己的能力。

我不确定 2002 年的威尔·杨对成功的定义是什么，我在 2017 年问起他，他说：“我喜欢在家里闲逛，也喜欢正在做的播客节目。我觉得自己很幸运。今天是周一，可我还是穿着运动服，不需要去办公室上班。本来我也觉得自己做不来办公室的工作。这就是我现在的生活，可以漫无目的地在家里‘虚度时光’。谁规定只能遵循那些条条框框呢？”13 岁的我坐在地板上，见证了一个流行歌手赢得比赛，但那时的我并未意识到最终的奖励不是闪耀的灯牌、巡回演出，也不是时髦派对，而是让他得以随心安排自己的日常，与狗狗一起消磨时光，并逐渐学会关心自己的心理健康。这奖励赐予的生活原来与我的生活这样相似，相信与你的生活也极相似。

近年来最令人震惊的名人故事之一涉及我的童年偶像：布兰妮·斯皮尔斯（Britney Spears）。我很崇拜她，经常模仿她的穿着打扮，渴望终有一天能成为像她一样的人。她就像一个邻家女孩，一位有趣的朋友。但如果将时间退回到 2007 年，整个行业都在嘲笑她糟糕的心理状态。“如果布兰妮·斯皮尔斯能熬过 2007 年，那你也能熬过今天”这句话被印在杯子上、T 恤上和钥匙扣上。有些人觉得这很有趣，但事实很明显：名人文化对我们年轻有才华的明星造成的伤害，比我们已经意识到的要大得多。布兰妮的父亲以监护人的身份限制了她的权利，甚至连一些基本的生活决策如避孕和生育等，也无法由她自己做主。我们目睹了一个玛格丽特·阿特伍德式的真实故事。在布兰妮将自己的崩溃公之于众的同一时期，八卦网站不断散播有关名人的可怕故事，但过了一段时间，人们才慢慢意识到这种侵入他人隐私的“新闻报道”实际上是一种虐待行为。甚至佩雷斯·希尔顿（Perez Hilton）也承认自己的报道方式非常“残忍”且“具有故意伤害的目的”。在 2000 年初，成为“名人”在某种程度上越来越像成为“人质”。

我的桌上有一本名为《致命的名声》(*Toxic Fame*)的巨著，由名人记者乔伊·柏林(Joey Berlin)于1996年撰写完成。每次用视频软件Zoom开会时，我都把它垫在笔记本下面。这本书收录了成千上万位名人的故事，他们谈论着处在公众视线之下有多么糟糕。在引言中，乔伊·柏将名气描述为“致命的毒物”“像是某种疾病”，更有趣的是，他称其为一种会导致“孤独、恐惧、自我怀疑，且往往伴随着肥胖、酗酒和药物成瘾”的“自我隔离”。当然了，书中也包含一些积极的和幸福的故事，但更多的还是证明名气不值得追逐的例子，其中就包括引言第一页所提到的事实“名人的平均寿命只有58岁，而普通人的平均寿命要远远超过70岁”。名人们声称，一旦得到了名气反而就不再渴望它了，名气使他们失去了最初踏进行业时想要追求的工作的乐趣。这听起来颇具讽刺意味。事实上，极少有人相信他们的说法。“那你为什么还要出名呢？”就是一个常见的反驳句式。但我认为没有哪位大明星真正想象过他们会如此出名，至少他们没有意识到自己将会面临什么。

我亲眼目睹过名气带来的负面影响。前不久我参加了一场新书发布会，一名当红女演员也在场。她顶着标志性的发型，穿着标志性的着装走进会场时，周围一片寂静。后来，她和助理坐在沙发上吃零食，周围的人颇感尴尬地在她身边来回走动，没有人想上前搭讪。大家实在是太紧张了。只有她要离开时，一些酒吧的工作人员才跟了出去，要求与她合影。此情此景，她就像是动物园里的一只动物，而不仅仅是一个参加新书发布会的人。这实在称不上是真正的人际交往，她不能在会场上随意走动，无法沉浸地聆听故事，更别说与他人分享自己的看法了。在回家的地铁上，我暗自庆幸自己没有名人般的关注度。我戴上耳机，将自己隔绝开来，不再理会周遭的世界。

不久前，我观看了一场某位著名模特位于洛杉矶豪宅的家居导览。这栋豪宅面积极大，设计极精美，建有私人酒吧、热带花园、游泳池、多间客厅，以及能够观赏极美风景的阳台。就在摄影师即将离开之时，模特说到，其实她最近没来过这里，因为她的家人和朋友都不在这个国家，而她又不喜欢独处。她站在门口，连脚上穿的拖鞋都是设计款，可她看起来是那么孤单，就像一个落单的小孩。也许她因为模特事业和名人地位拥有了这座巨大的豪宅，可她看起来并不快乐。因为无人能与她分享这一切，这座有着极美视野的豪宅，也只是一个空空荡荡的房子而已。此前，我曾向往《日落家园》(*Selling Sunset*)中描述的浪漫景色：在洛杉矶的豪宅中，俯瞰好莱坞山。可在这一刻，我的憧憬逐渐破灭了。

先前在杂志行业工作的经历，使我有幸窥探了名人文化的幕后现实，也得以看到名人滤镜之下的真相。记得在 2015 年格莱美的颁奖典礼上，艾米·舒默（Amy Schumer）发表了出人意料的获奖感言，但令我困惑的是，场下的名人们并没有真正的交流。我还注意到一些名人静静地摆好拍照姿势，之后又回到原来所在的小团体中。第二天，在每日邮报的网站上，我看到每个人都欢声笑语、摆姿势拍照，但我并没有出现往常一样的想法：哇，看看这些朋友们在一起玩得多开心啊！因为我知道现实并非如此，这只是他们工作的一部分。在工作场合，他们为了拍几张照挤出笑容、摆好姿势，只有回到家，与家人相聚，才回归到自己真实的生活。

在“幸福不止一种模样”一章中，我总结了一些真正有关幸福的内在因素，包括稳固和谐的关系、与他人紧密的联结，以及对自己生活的主导权。在很大程度上，名人文化剥夺了名人们拥有这些因素的机会，因为他们与现实世界已经脱节，极易感到孤独。他们可能会怀疑自己的朋友：“这个人是否因为看重我的名气才跟我做朋友？他们想从我这里得到什么吗？他们会不会侵犯我的隐私？”名人们住在使用门禁卡才能进入的房子里，与外界隔绝开来。出于对隐私和安全的考虑，他们时刻都要谨言慎行，而自由就这样被剥夺了。

有时，我们周围的物质财富和外部事物都有可能成为巨大的干扰，掩盖某些裂痕，阻止我们正视自我。作家艾玛·福瑞斯特（Emma Forrest）的新回忆录《忙于自由》中有一句颇具讽刺的描写，谈及在洛杉矶老家看到的美好景色，如“鸟儿掠过水面”“坐落于群山之间的小房子”等。她说：“如果看向外界就能带来即时的宽慰，为什么还要向内寻求解放的方法呢？”这种物质主义的“即时宽慰”便可成为一种干扰。在播客节目中，玛莎·贝克（Martha Beck）提出了一个社会文化颇为禁忌的观点，她说，一些享有特权的人可能会因为他们周围有太多外部的干扰和诱惑，而很难实现内在的突破。他们有可能通过物质财富来掩盖自己的不幸或不满，因为他们的确有足够的财力来这样做。当然了，在游艇上哭泣要比在狭小的卧室里哭泣舒服得多。社会学家马克斯·韦伯（Max Weber）谈到了“铁笼子”：一个人越是迷恋地位，就越有可能陷入困境。当我们不再需要艰难度日、挣扎着维持生计时，生活就能变得更好。但物质财富充足的人则不同。从高端购物到持续提高生活水平，他们不惜一切，只为逃避现实，回避自身的问题。事实上，我们都有一个可以分散注意力的游乐场，用来逃避存在的不幸，但是，敢于面对现实的人，才是真正的勇者。

新型名人

新冠肺炎疫情期间，许多人对名人另眼相看（甚至有些不可理喻）。没错，疫情爆发早期，加尔·加多特（Gal Gadot）将自己与名人朋友们演唱的经典歌曲*Imagine*改编版上传到了网上，希望为人们带来鼓舞，但搭配了游泳池的背景，这一举动实在是不合时宜。艾伦·德杰尼勒斯（Ellen DeGeneres）开玩笑说疫情期间的自我隔离就像“坐牢”（此时的她正在蒙特西托的一座豪宅里），这一言论也引起了公众的强烈反对。不过，尽管我们身处的环境不同，但都经历着同样的风暴。他们也用会议软件Zoom（就像我们一样！），他们也没法外出理发（就像我们一样！），尽管他们的生活环境更奢华，但似乎不再那么遥不可及了。我们共同经历了疫情。总的来说，这的确以一种怪异的方式创造了公平的竞争环境。乔·威克斯（Joe Wicks）开设健身课；奥普拉（Oprah）开直播；苏菲・埃利斯・贝克斯托（Sophie Ellis Bextor）在厨房开迪斯科派对；大卫・田纳特（David Tennant）和迈克尔・辛（Michael Sheen）通过 Zoom 表演迷你剧 *Staged*。名人们仍然需要工作，而我们仍然需要娱乐。魅力魔法已经失效了，现在的我们已不再着迷明星们的影响力。他们就像我们普通人一样（只是拥有更好的物质条件而已）。

在2022年纽约举办的大都会艺术博物馆晚会上，金・卡戴珊（Kim Kardashian）穿着玛丽莲・梦露那套祝福“总统先生，生日快乐”的经典金色礼服现身，没有比这件事更能概括上述观点的了。好莱坞黄金时代的明星，例如玛丽莲・梦露，常被看作如光彩照人的银幕形象一般：充满神秘感、不可亵渎、近乎完美。而金・卡戴珊通过电视真人秀成名，从她醒来的那一刻起，事无巨细的日常琐事都呈现在观众面前。往日明星们的魅力已不复存在，只有在化装舞会上才得以一见。即使是奥斯卡似乎也无法带给人们太多惊喜，收视率急剧下降，它能提供的也只是一些可供朋友谈论的八卦。我喜欢作者林赛・凯尔克（Lindsey Kelk）的推文，他说，“我不得不再次提醒你，奥斯卡是在购物中心举办的。”

近日，萨拉・马纳维斯（Sarah Manavis）在其一篇文章《新政治家》中提到，我们正处于“无聊的名人时代”。在分析了最近的红毯亮相和名人行为后，她说：“我们的名人时代追求安全性和相似性。社交媒体宣扬某种固定的人物形象与风格，无疑推动了这种一致性。”社交媒体也许的确起到了一定作用，网络通过计算机算法不断向我们推荐当下流行的打扮，无形中加剧了人们效仿和购买的趋势。如今，似乎许多名人都害怕自己会与众不同。

据皮尤研究中心调查显示，尽管对传统名人的兴趣减弱，但 78% 的 Z 世代青少年却愿意在互联网上分享自己的个人信息以期获得名气；而千禧一代，只有 7% 的人愿意这样做。与千禧一代相比，Z 世代的年轻人有更多偶像可供追捧，因为现代名人的行为能帮助年轻人更好地理解、塑造自己的价值观，不再仅仅是通过唱歌或演戏而出名的传统形象。千禧一代在成长过程中的娱乐方式基于杂志和电视这类传统媒体，而年轻一代则更多使用网络媒体。根据最近的数据来看，将近 50% 的青少年每天都会使用 TikTok，追求“病毒式地快速传播”是用户普遍的目标，他们将其视为通往金钱和名气的大门。有趣的是，Google 的一项分析发现，70% 的青少年订阅者表示，与传统名人比起来，他们更能与 YouTube 上的博主们产生共鸣。

随着互联网的发展，名人的本质一直在变化。我们可以直接接触到关注的人，狗仔文化的影响力减弱，名人对权力的滥用更加肆无忌惮。名气和认可度通过手机就能打造，而无须行业的包装和创造。我们如今有了更多“小有名气的网红”体验“微小的名气”。那些完全神秘、遥不可及的一线名人越来越少（或者说他们是被不断涌现的网络名人挤出了公众视野），毕竟后者无须代表所有人发声。

名气的含义正在不断演变。虽然我们知道名气意味着受欢迎，但它现在也意味着“做出改变”。皮尤研究中心去年的数据显示，为了应对气候变化，老年人仍倾向于参与投票和传统的政治运动，而“32% 的 Z

时代人和 28% 的千禧一代人，则直接采取了行动，如捐款、联系民选官员、志愿服务或参加集会”，相比之下，X 世代和婴儿潮一代采取行动的人数比例较小。该研究还表明，也许是因为在网上接触到越来越多著名的行动派，Z 世代人对待不同的人（无论是性别还是身体形象方面）的态度更加开放和包容。

2019 年乐高的一项研究表明，在 8 ～ 12 岁的孩子中，有 1/3 渴望成为视频博主或 YouTube 主播。就连我的一个朋友最近也边喝酒边叹气说：“如果真的那么简单，而且所有孩子都在做的话，我可能会辞掉工作，也去搞个什么 TikTok 账号。”这仿佛成了一种共识：任何人都可以注册一个 TikTok 账号或 YouTube 账号，任何人都能成为百万富翁。但显然，事实并非如此。

这种吸引大量观众的新型方式可能会引发部分人的嫉妒情绪，因为键盘侠[①]们也想从名誉和财富中分得一杯羹。不过这也可能带来积极的影响。就像已故的黛博拉·詹姆斯（Deborah James），她曾是一名教师，后来向人们普及肠癌相关的知识，积累了 100 多万的粉丝，筹集了 750 多万英镑的慈善款项，并因这些极有意义的行为获得了女爵爵位。任何人都有能力通过互联网传播积极的信息，这是网络名人展示出的好的方面，也是许多人都支持的一个方面。

我们生活在一个名人济济的世界，这意味着观众数量也要比之前

① “键盘侠”，网络用语，指在网上占据道德制高点发表“个人正义感”和“个人评论”的人。——编者注

多，那些住在好莱坞山的少数名人已经不够我们八卦了。现在的我们不满足于关注波什（Posh）和贝克斯（Becks）这样的大牌明星，而是带着同样的好奇心关注那些拥有 1000 到 10 000 名忠实粉丝的“小咖”。统计数据显示，与传统名人相比，小咖与观众的互动率要高得多。我们对那些志趣相投、品味相近，或者说在现实生活中与我们产生更多联系的名人更感兴趣。如今，他们对我们生活的影响不像以前那样有限，这既有可能是一件好事（为我们提供更多选择和灵感），也有可能是一件坏事（会让我们不知所措）。

《致命的名声》中引用了艾伦·德詹尼丝（Ellen DeGeneres）的话：“现在成为名人真的不需要太努力，所以对我来说，这并不是一件值得恭维的事。”我认为现在更是如此。那么多人通过自己的方式成名，以至于名气几乎失去了它原本的含义。但这也为名人世界提供了一种更加真实的交流方式。Z 世代的艾玛·张伯伦（Emma Chamberlain）在 YouTube 上拥有 1100 百多万活跃粉丝，她在自己最受欢迎的视频中与我们分享了自己刚刚经历的一次恐慌症发作过程，听起来与我的自身经历非常相似。之后她就开始整理厨房，画画，洗澡，开车去自己的健康食品店，边吃零食边对着摄像机说话，然后和她的猫躺在床上，再盖上一条小毯子。这些简单的小事看起来有点无聊，但谈起晚上的计划，她变得兴奋起来：在 2022 年大都会歌剧院的红毯上主持一系列简短但精彩的采访。她的生活既普通又不普通。她采访了里兹·阿迈德（Riz Ahmed），一起开玩笑说会躲在洗手间里哭。在跟菲尼亚斯（Finneas）

的谈话中，他们一起讨论了各自的“冒名顶替者综合征”。她还和艾米·舒默笑着讨论了典礼期间她们会上网搜索自己的事情。这是名人的新世界，更开放、更脆弱，他们逐渐嘲讽起了自己。人们更愿意与网络名人互动，而非老派名人。因为这些名人更接地气，少了很多神秘感，更像我们普通人（即使他们的确住在山间的豪宅别墅中）。

尽管这些网络大咖更加开放、脆弱而敏感，但是我们仍要记得，像传统名人一样，他们也有可能戴着面具、隐藏真实的自己。2015年，一位名叫埃塞纳·奥尼尔（Essena O' Neil）的澳大利亚年轻网红上了头条新闻，因为她最早站出来表示自己发表的网络动态是精心策划的一大谎言。其实我们多多少少都知道背后的掺假成分，但这是第一次有人公开说出这一点，还在图片旁边写下了真实的解释说明。她会写下照片（比如她穿着比基尼在沙滩上开心笑着的照片）背后的真实情况，重新编辑标题，揭示幕后包含的“操控、普通和不安感”。她还评论了自己的行为，分析自己如何陷入同样的不安中：“我也曾花几小时的时间看网络上的完美女孩，希望自己也是其中之一。但当我成为‘她们中的一员’时，我仍然不快乐、不满足，也不平静。”

与传统的名人一样，网络名人也要承受高度曝光的压力。2018年，《卫报》（*the Guardian*）调查了热门YouTube主播上传的一系列视频，发现他们在视频里讨论了自己的工作倦怠、慢性疲劳和抑郁症问题。20岁的菲律宾裔加拿大YouTube主播艾丽·米尔斯（Elle Mills）说：“我为什么会这么不开心？这没有任何意义。你能懂我的意思吗？因为……

怎么说……这真的是我梦寐以求的事。可我真的太不爽了。”这份工作的性质意味着她需要随时按照观众的要求发布作品，她解释说，持续更新视频和按需制作内容的压力引发了她的焦虑和抑郁。这就是自己单干的缺点：如果没有人教我们如何划定工作与生活的界限，或者我们的心理健康容易受到影响，那么我们真的很难拒绝粉丝的要求，或者说休息一下，特别是当我们以此谋生时。传统的名人或更大的影响者有经纪人——有一个完整的团队——来规划他们的工作量和时间，这种模式已经存在了几十年。刚刚开启自己旅程的新型影响者可能需要亲自摸索很多事情，而没有团队的支持。这引发了一个问题，谁想操心成名背后的那些琐事呢？这并不是在说这类“成功”的网络名人过得比其他人更差——也许恰恰相反。这只是在说明一个事实，这样的成功其实不是最终答案：我们的社会存在一些问题，美化了某些生活方式，让我们以为它们是通往永恒幸福的单程车票。无论我们是谁，似乎都忘记了幸福的根源。

尽管这个行业存在某些滥用权力或不道德的行为，让人觉得自己是多么幸运才成为了其中一员，但我却也理解为何人们想要追求名气。地位带来认可，而寻求认可是人的天性使然。我们想要被看到、被理解和被认可。从某种程度上来说，一旦涉及参加工作，地位可以充当一张安全网，尤其是在重视地位的行业里工作。《时代》（*Times*）专栏作者、作家凯特琳·莫兰（Caitlin Moran）在谈到为什么人们渴望名气时提出的见解常引我深思。她谈到了人们在社会上可以获得的三种权力：“第一种权力是基础性权力，通过它可以与司法、法庭、政府、国家医疗服务体系建立联系；第二种权力显然以财富为支撑，那些资本雄厚，坐拥企业，继承财产，并将其用于再投资的人拥有此种权力；第三种权力就是名气，它涉及个人所拥有的影响力，能够触及的人群以及迅速影响他人做出改变的能力。”政权、财权或名气，这三种权力对地位的影响很有趣：对那些社会关系不够硬或不够富有的人来说，提高名气也许可以成为摆脱困境、开启人生新篇章的一种途径。

但是不管成名与否，我们都可以影响一小部分人——在某种程度上，我们都是有影响力的人。即使没有崇拜的观众，我们依然很重要。我们无须通过追求成功或地位这样的外在标志来寻求关注，因为通过很多其他方式也能感受到真正的欣赏和认可。第一步就是看清自己。不是通过某个镜头，也不是通过众多粉丝的视角，而是真真正正、实实在在地看清自己是谁，清楚对自己来说什么才是重要的。认可自己，是建立真实地位感的一个首要前提，但我们却常常忽视这一点。当我们渴望别人的认可时，实际上也在渴望自己的认可。因此我们可以尝试创造一种新型的认可方式，在追求这种认可的过程中，努力实现自我价值，跳出传统的认可陷阱。关键在于要用自己的方式建立认同感，划清界限，感受身边人对自己的欣赏，而非屏幕另一端陌生人的关注。

不要看见别人发光就觉得自己暗淡，我们要很用力地拥抱每一个人生片段。

本章反思

1. **从长远的角度审视自己的生活。**用10个要点概括你的人生故事，并写下来。注意，不必记录细节，只需写下大概主题。庆祝自己走过的旅途，认可自身经历的重要性。用第三人称记录自己的生活，就好像执笔者是你的朋友一样；要用你的名字而不是“我”字。当从远处审视自己的生活，你注意到了什么？进展还顺利吗？你以什么为荣？又取得过哪些或大或小的进步呢？
2. **你在跟谁做比较，为什么进行比较？**你在追求何种地位，为什么追求这种地位？把所有嫉妒的感觉转化为积极的情绪，思考自己想要什么，或者缺少什么。这么做很有用，可以让我们发现生活中真正缺少的东西，然后坐下来想一想，或者问一问自己，这是不是自己真正想要的东西，还是说你只是在和别人攀比。
3. **更高的地位会带给你什么感受？**追求地位是人的本性，但我们可以扪心自问，我们追逐的究竟是地位，还是被人认可的感觉？你渴望的感觉是什么？比如说，更高的地位会让你感到更自豪吗？会让你更受喜爱还是能得到更多赏识？你的人际关系或人际交往能够让你感到被接纳和认可吗？它们能够给予你安全感和支持吗？
4. **庆祝小小的成就。**也许最近发生的事情要是放在几年前你根本难以应对，那就花点儿时间表扬一下自己吧（偶尔也好，经常也罢），看看这样做是如何增强自身的地位感的。最近解决了什么让你引以为豪的难题？在电子邮件里建立一个文件夹或者写一个“成功日记”，来记录自己感觉良好的时刻。在等着别人来为你庆祝之前，先为自己庆祝一下吧。

The Success Myth

第六章

金钱与成功无关

The Money Myth

“我们花钱买一些用不上的东西，甚至超支、预支，只为给那些我们并不喜欢的人留下个好印象。”

——戴夫·拉姆齐（Dave Ramsay）

最近我在网上看到对百万富翁男孩乐队一名成员的采访，他在采访中说：“金钱买不到幸福，因为生活中最美好的东西根本不用花钱。”才不是这样呢，我心里想，不要再说这两句老掉牙的话了！如果我像你一样有钱，那我肯定对当下的生活心满意足。但我还是仔细观察了屏幕上的他：眼袋深陷，整个人充满戒备、焦虑和不安。他向采访者讲述压力如何让他喘不过气。全球巡演虽然带来了巨额收入，但他说他想念自己的家乡、家人还有之前的生活。他穿着昂贵的名牌运动鞋，可看上去很不自在。我并不羡慕他。我肯定很多人会不满于男孩的这些抱怨，但正如我们在“名人效应背后的真相”一章中所提到的，他们时刻都要谨言慎行，而自由就这样被剥夺了。

我发誓我不是说钱不重要。它非常重要。有钱能让你在这个世界上活得更轻松、更自在。你可以毫不夸张地说“能用钱解决的问题不叫问题”。金钱当然不能解决所有问题，但一定能解决大部分问题！没有钱，生活变得举步维艰、压力重重。这使得金钱一词如此感性，大多数人在涉及金钱问题时难免情绪波动。对金钱的担忧会耗费我们许多精力，它让我们害怕、愤怒和焦虑。在美国，能否获得基本的医疗保健取决于金钱。在英国，一个人能否安度晚年取决于他是否有钱。金钱影响我们的生活状况、医疗健康、儿童养育、安全感以及日常的生活方式。而且，就在我撰写此书时，我们也正经历着一场生活成本危机，所有家庭都需面对食物、衣服、燃料和能源等必需品的物价飞涨。

经济稳定对我们的幸福影响深远，这一点毋庸置疑。少了金钱方面的担忧，睡眠也会更安稳，生活方式也会更健康，还能负担得起心理治疗的费用；金钱使我们有底气向更多事情说不，还能消除某些日常陋习。某些情况下，经济稳定可以说是真正的救命稻草。正如《理财瘦身》（*The Financial Diet*）的作者切尔茜·费根（Chelsea Fagan）所说，“对大多数人而言，实现经济稳定几乎是改善心理健康的最有效途径。”

在本章，我要谈论的重点是，实现经济稳定与过度追求财富是两码事。本书的主题是成功，而许多人将成功与富有联系在一起。从参观豪宅到拥有大号香奈儿手袋、坐直升机游玩、在网上看富家子女展示的奢华生活，我们通过社交媒体完成了一场对有钱人的“偷窥”。假如我是一个年轻人，在看到这些奢华的生活方式后，也许会感到困惑，认为这便是成功的巅峰。我们是社交性动物，本能地认为在社交媒体上炫耀自己拥有的东西，就会增加被群体接受的机会。正如 Small Girls PR 的战略副总贾斯敏·提尔（Jasmine Teer）所说：“通过社交媒体，我们随时随地就能了解到物质主义和社会差距的最新动态。”

有趣的是，世哲集团（*Sage*）期刊于 2018 年发布的一项研究称，尽管近 66% 的参与者认为展示自己的财富或地位更能吸引潜在的朋友，但事实恰恰相反。研究发现，过于显露地位或财富的人在交友方面比相对来说低调些的人“更具劣势”。

正如之前所说，经济稳定会提高我们的幸福感，但追逐无尽的财富，总是想要更多，看到什么都想买下来，从事一份以牺牲心理健康为代价的高薪工作，并不是我们解决问题的最佳途径。研究表明，这也不利于我们与他人交往。但事情有时候并不是非黑即白，关于金钱与幸福之间的讨论，以下两点都是事实。

- 金钱可以买到舒适和安全：医疗保健、食物、房子，甚至更多的自由。
- 金钱买不到幸福：你可以拥有以上所有，但仍然感觉不到快乐，内心充满挣扎，不得不承受精神或身体上的痛苦。

大量研究支持这一观点，即过多的金钱并不会带给我们更多的快乐。研究人员丹尼尔·卡尼曼（Daniel Kahneman）和安格斯·迪顿（Angus Deaton）在2010年进行的一项著名研究表明，在一定程度上，人们往往会觉得赚钱越多越幸福。但若年收入达到5万英镑（或7.5万美元）左右的阈值，我们就不会因为赚得更多而更快乐了。我们应该明白这项研究是在10年前进行的，在通货膨胀的情况下，相应的阈值金额在今天可能会更高，当然这也取决于我们在哪里定居，家里有几口人。同样值得记住的是，这个数字远高于英国目前的年平均工资（国家统计局的数据显示，截至2022年11月，英国目前的年平均工资为27 756英镑）。

我们有一个根深蒂固的观念，以为幸福感会随着财富的不断增加而提高，但这其实是一个谬论。拥有100万英镑并不会让我们感到100万倍的幸福，不过拥有一定量的财富会为我们的健康提供更多的保障，会提升我们的幸福感。区分这两者很重要，否则无休止地追逐成功的执念就会像挂在驴子前面的那根胡萝卜一样引诱着我们，将我们吸入欲望的无底洞。我们心中的欲望永远无法填满。

在我的播客节目里，社会学家玛莎·贝克（Martha Beck）曾说：“拥有一条毯子、一个火堆能让我们感到快乐，但拥有100条毯子、100个火堆，却不能让我们感到100倍的快乐。”我们就以汽车为例：你很高兴地买了一辆车，你攒了足够的钱才买到这辆闪闪发亮的新车，现在终于可以开着它到处游玩了。再想象一下，你家门口现在排着50辆汽车，你会感到50倍的快乐吗？应该不会。如果说有什么新鲜的感觉的话，那可能是不知所措：维护成本高昂，组织计划烦琐，而且，也不再有什么值得你去追逐了，这显然让人有些沮丧。

我们必须正视社会对过度消费的痴迷，以及当今世界依然有许多人无法养活自己和家人，无法拥有一个温暖舒适的家。杂志只顾列出“富豪榜”，却不去深究过度痴迷财富让人类、全社会，以及全球环境所付出的代价。我们将金钱和财富理想化，把它们看作实现幸福的唯一目标和最终目的。如果生活中所有问题的答案都变成了金钱和新事物，那么我们在发薪日买双昂贵的鞋子就会永远幸福。但实际上，这种幸福感转瞬即逝。我们会忘记所拥有的东西，转头又想要另外一件。还有一点，也正是症结所在：我们要填补什么空白？真正追求的是什么？人们欲壑难填的背后原因是什么？我们为何会过度推崇成功，而很少讨论个人对“充足”的真正含义的理解？

富有和美好不是正比例关系

我有幸体会过奢华过度的生活方式。2007年，就在我18岁生日前的几个月，学校里的一位朋友邀请我去他家度假。随口答应后，我才意识到这并不是一次普通的度假。因为我们既不是去康沃尔露营，也不是乘坐瑞安航空的普通航班去某个不知名的地方。我不知道这位朋友过着与我截然不同的生活，他家的富有程度我前所未见。我们去的地方是一个阳光明媚的五星级度假胜地，他们家这几年一直来这里度假。一下飞机，就有私人司机把我们送到别墅，抵达别墅后，马上有人递上一条降温毛巾，还有一位厨师随时可以烹饪我们想吃的美食。服务人员优雅地为我们拉出座位，甚至连健怡可乐这样普通的东西，也是用金托盘递给我们。套房的浴室里有 6 种可供选择的淋浴模式，卧室床上还铺着丝绸床单。在体验到这种生活方式之前，它们好像只存在于《继承之战》（*Succession*）那样的电视剧里。一切都如此奢华、昂贵、顶级，衣食住行都是极品中的极品，我好像被带到了另一个世界。有些人的生活一直都是这样的吗？我在默默地想着。我不敢相信自己所看到一切，感觉这就像某种秘密影院的沉浸式体验一样。

但放假没几天，我就得了重感冒。朋友为此很生气，因为他的父母已经给我们安排了昂贵的潜水课程。每到晚上，我们围坐在餐桌旁享用美味佳肴时，他的父亲，一位非常成功的商人（卖掉一家早期的技术公司后，45 岁就退休了），经常大声表达自己的观点。他不断强调自己的成功。喝了好几杯酒后，他会对孩子们喊要努力努力再努力，督促孩子们能取得像他一样的成功。他的妻子每晚很早就入睡，想必是为了逃避这种时刻。我明明来到了以前从未见识过的、最美丽的地方，享受着视觉盛宴，却迫不及待地想回家去。气氛变得凝重而不安。这里的每个人都不快乐，而且他们越不高兴，就会花越多的钱，试图让事情好转。他们吵架的次数越多，点的牡蛎就越多，喝的酒也就越多，无休无止。

那个假期，我躺在床上，一边咳嗽流涕，一边阅读了奥利弗·詹姆斯（Oliver James）的新书《富裕病》（*Affluenza*）。这本书假定了这样一个前提：我们正被一种名为“富贵病”的病毒所困扰，此病毒是富裕和流感的综合体：“一种会导致强迫症、嫉妒心及攀比心的流行病——进而引发数百万人陷入抑郁和焦虑情绪。”我在书上读到的文字正反映了我当下的体验：人们投入大量金钱摆脱人生的痛苦，用一生的时间掩盖内心的裂痕，假装自己过得很好，就是不愿面对真实的自己。他们不愿反思：为什么这些都不奏效？为什么我们一直认为只要拥有更多，总有一天就能解决问题？为什么我们如此痴迷于成功的外在标志？为什么我们认为金钱会让我们感到满足？

我觉得那时的自己收获了早期的人生经验。我们是想要变得富有、成功，还是想要变得幸福？如果二者可以兼得，那会是什么样子？我到底应该追求什么？社会不断向我们灌输成功带来的好处：住更大的房子有助于我们解决问题；过一个奢华的假期可以治疗我们的抑郁症；买一套新衣服可以改变我们的心情。似乎生活富足的名人是地球上最幸福的人。可在那个五星级的度假胜地，同那些不懂得倾听彼此，情感上备受折磨的人共度时光，简直就像身处地狱一般。我感到无比孤独，总是处在崩溃的边缘。我不喜欢那里，我不喜欢那些人，我不喜欢奢侈的洗手液，还有定制款靠垫。这么一想，又觉得自己忘恩负义，转而产生了愧疚感。本来我应该享受这个假期的。这难道不是每个人都想要的吗？这不就是社交媒体向外界展示的梦想中的生活吗？

另一方面，我也回想起小时候的露营假期：穿着人字拖蹚泥水，厕所的条件很差，帐篷被风吹得哗哗作响……但我们玩得很开心：围坐在篝火旁，去海里游泳，放风筝，散步，攀岩。最重要的是，我们时时刻刻能感受到人与人之间的关爱。我们也曾有过更奢华的假期，但重要的是，不管环境和住宿条件如何，我都感受到了关爱、支持，以及真正的幸福。

按照马斯洛的需求层次理论来看，拥有的财富越多，舒适感就越强。只要拥有了空气、水、食物、住所、工作以及与外界的连接，一切就会顺顺利利，越来越好。金钱能给我们带来安逸的生活，让我们享受高端的医疗保健，购买最新的家居用品，拥有灵活全面的儿童看护服务，奢侈的美食，航班头等舱和更快捷的登机服务，乘坐配置有真皮座椅、提供冷饮的出租车，以及入住五星级酒店的客房。人们一旦经历过了这些，就很难再去适应过去简朴的生活。我们习惯了这一切，自我认知会因此而改变。金钱仍然主导着我们的生活，只是方式不同于你勉强度日的那段时期。没有人意识到努力维持奢侈的生活其实是一个可怕的陷阱。人们一直认为存在一个神奇的金钱公式，可以即刻解决生活中所有的问题，这纯属谬误。错误之处在于认为拥有更多会使我们更快乐、更具掌控力。而实际上，这种观念只是一种幻觉。无论我们拥有什么，都无法完全掌控一切。

我有一个在房地产行业工作的朋友，经常为超级富豪提供服务。她说，她没有见过很快乐的人：“说来奇怪，但他们看起来真的不快乐，深陷一种困境。他们中的大多数人没有时间待在家里，但依然购买或租用这些豪宅作为身份的象征。他们每次接打电话都会深感压力，担心自己的财务状况。”我在看《名人豪宅秀》(*Cribs*)或者《日落家园》(*Selling Sunset*)时感受到，对于人们来说，奢华很快就会变得索然无味。有了足够的钱住进温暖的家，支付账单，养活家人，买些好东西，一旦超过这个层次，就只是些多余的花费开销了。没有人需要住在一幢建有16个房间的豪宅里，没有人需要成为亿万富翁。这些都不是我们所认为的能通往幸福的道路。这一点很重要，因为我们当下生活的世界仍然有大量无家可归的人和没有能力养家糊口的人。全世界正在讨论的一个切实可行的解决方案是实现基本收入全覆盖：政府计划定期给每位公民发放一定金额的资金。如果人人都有足够的资金维持生计，满足基本需求，便是良好的发展势头。愤世嫉俗的人认为，这可能让人们失去动力，但乐观主义者(比如我)认为这给予了人们前所未有的底气，让他们免于陷入生活的泥潭。想象一下，如果我们不再执着于外在表象的完美，不再用物质来掩盖心中的伤痕，而是开始寻求改善社会体系的方法，我们每个人的内在基本需求就都能得到满足。食物银行(食物赈济所)不应该存在于现代的发达社会。我们可以专注于让自己的内心感觉更好。想象一下这样的世界：财富不仅以我们银行账户里的存款来衡量，还以我们所有人的时间和精力来衡量。这种形式的财富并不消耗地球资源，而且能使每个人获得更大的回报。

金钱和成功不应混为一谈

我们经常将地位、成功和金钱混为一谈，但它们之间的联系并不像想象中的那般紧密。我注意到一种现象，暂时称它为“职业假象”吧（我刚刚编造的一个术语），即实际情况与所宣传的情况并不相符。很多人取得了一定名气，获得了社会意义上的成功，但却没有与之相匹配的经济实力。这不禁令我们困惑，因为在我们的认知里，这样的人理应非常有钱。我们看着屏幕里富有的流行歌星和电影明星长大，自然而然将知名度等同于物质上的成功。但随着名人本质的变化，我们在电视和社交媒体上看到的名人也变得更加多样化。例如：在竞选活动中没有获得任何收入的新闻活动家；新书出版几个月后仍在等待版税支票的作者；正在努力寻找下一轮融资的企业家；或者拥有百万粉丝但却没有广告收入的社交媒体大咖。

几年前，在一次写作研讨会上，我遇到了一位非常有名的 YouTube 主播，同时，她的本职工作也做得很成功。我们这群人大约有 15 名作家或“创作者”，受邀学习更多有关创作和销售剧本的知识。当时的她拥有大概 500 万粉丝。我们事先都见过面，一起坐地铁去会场。其间她四处张望，显然很担心被自己的粉丝认出来，这对她来说是常有的事。在我们看来，她已经成功了，是一个成功的典范。

我们聊了很长时间，一直聊到深夜，她坦率地说自己几乎没有从 YouTube 上赚到任何钱。当时的她手头拮据，连房租都快付不起了。听到这儿，我们都很惊讶。后来，我还读到了一篇讲述美国网络明星的文章。文章说她从线上活动中赚到的钱不足以维持日常生活，所以不得不找了一份快餐店的工作，但不久她就被解雇了，原因是快餐店老板觉得这么多粉丝来餐馆看她，会影响快餐店正常营业。被自己的成功拖累而导致失业，多么讽刺的事情！如今，我们可以通过很多渠道赚钱，但无论外表看起来多么成功，要在所从事的行业中获得相应报酬，并不是一件容易的事。

最近有位教练的客户说自己心情不好，认为自己是一个失败者。尽管她是一位成功的餐厅主厨，但却未从中赚到钱，所以不得不通过兼职写作、当顾问和出席研讨会等途径赚钱来维持生计。我们进行深入探讨时，她意识到若按照自己的标准，她的确感受到了成功。但站在陌生人或整个“社会”的角度，她便认为自己还没有取得成功，因为她并没有以“厨师”的身份赚到钱。她让萦绕在脑海深处的一群虚构人物影响了自我价值感的判断，低估了按照自己的标准来感受成功的价值，也低估了给自己发展空间的重要性。她意识到实际上自己正通过所热爱之事赚钱，只是以一个略微不同于先前想象的方式而已。的确，她还没有一家属于自己的餐厅，也没有成为能上电视的知名大厨，但她正在为此努力，让梦想成为现实。全天候从事自己热爱的事业，并能从中获得报酬无疑是一种成功，但过于在乎成功会使我们不断地与他人进行比较。其实，在其他方面我们也能感到富有，比如时间和成就感。我们确实需要赚钱，但这并不代表要将兴趣也视为赚钱的工具。我们必须明白，那些赚到的钱或没赚到的钱（以及从哪里赚到的钱）都不是衡量个人价值的指标，哪种成功更有价值、更重要，完全取决于我们自己。

有趣的是，我们对金钱的看法会随着与他人进行比较而发生变化。如果我们有一定的财富，生活得很滋润，而且从来没有与其他人的生活进行比较的话，那我们可能很容易感到满足。但当我们浏览社交媒体，听到同事升职，或者看到邻居拥有更好的房子、车子，我们可能就会觉得自己现有的不够，渴望拥有更多，这是很自然的事情。根据劳动经济研究所的数据来看，随着时间的推移，幸福感和收入的长期增长率之间并没有太大关联。造成这一矛盾现象的主要原因便是社会比较。在某个时间节点，收入较高的人会感觉更幸福，因为他们将自己的收入与其他没那么幸运的人进行比较，而收入较低的人则相反。然而，随着整体收入的增加，个人与之比较的群体收入也随着自己收入的增加而增加，从而削弱了个人收入增长对幸福的积极影响。这实在是很有趣的现象。

任何过量的东西都无法填补人类内心的空虚，事实上，过量的财富会对人们产生持久的负面影响。《今日心理学》报道称，富二代“滥用药物、抑郁倾向、焦虑情绪和饮食失调的比例高得可怕”。这是一个显而易见的问题，但很少有人讨论，因为大家普遍把金钱等同于幸福。

我们对“更多”的无尽追求

在我撰写本书期间，世界各地野火频发，冰川融化速度加快，旱灾持续时间越来越长，热带风暴威力加剧……无一不是气候变化的骇人证明。而导致气候变化的罪魁祸首便是贪婪。正如《印度时报》（*the Times of India*）明确指出的那样："不可持续性消费是造成污染和生态破坏的根本原因。"这是一个不争的事实：地球资源被我们过度消耗。

作家雪莉·米切尔（Sherri Mitchell）通过讲述本土故事，挖掘其背后的深层含义（常被西方世界忽视或持有刻板印象）来分析消费者文化所付出的代价。她解释了人们如何相互联系。无论我们把钱花在何处都会直接给其他人造成积极或消极的影响。拿到新物品时，我们很少会想到背后的工作人员需为此付出何种努力，才能使这些物品顺利到达我们手中。我们也很少想到那些种植作物、包装食物，或者运送食物的个体劳动者。在现代社会中，我们常常追求便利，认为这是当今生活的必要条件。但创造和消费的速度越来越快，给地球以及努力维持这种生活方式的人们带来了巨大危害。例如，将所有新潮服饰挂在衣柜里可能看起来很"成功"，但价值数十亿美元的时尚产业支付给服装工人的工资仍然少得可怜。

雪莉在她的书《神圣的教诲：土著智慧与基于精神的改变》（*Sacred Instructions: Indigenous Wisdom for Living Spirit-Based Change*）中讲述了巨型食人怪之舞的民间故事。"传说有一个体型巨大的食人怪沉睡在森林深处。只有大地母亲发出特定的呼喊才能将他唤醒。这呼喊代表着人类正在伤害大地母亲，而且伤害速度已经超过了她愈合的速度。同时，人类的消耗速度也远高于大地母亲的生产速度。这时，醒来的食人怪便会跳一种催眠舞，使人们进入催眠状态。在这种状态下，人们会不断地、越来越快地消耗资源，直到他们自己也从地球上消失。”

我们真的愿意追求“更多、再多、还要多”，不惜让地球付出代价吗？

时间与金钱

每次想到“货币”这个词，我就会联想到去度假之前兴奋地奔向兑换柜台将英镑兑换成欧元时的场景。除了传统意义上的货币，还有许多其他形式的货币和价值交换，以及许多其他形式的“财富”需要我们在生活中给予同样的重视。在字典中，货币被定义为“用于商品和服务的交换媒介”。金钱当然是社会上的主要交换方式，但还有许多其他形式的“货币”在生活中扮演着重要的角色，却往往被我们忽视。

时间是一种货币，能量是一种货币，精神健康是一种货币，你的快乐、专注、慷慨、影响力、热情、技能等也都是货币。我们每天都在下意识地进行平等交换。你帮我一个忙，我再帮你一个忙；你洗碗，我就洗衣服；如果你付我报酬，我就会完成那份工作。研究表明，我们在本质上是互惠互利的。如果有人对我好，我可能会被迫回报好意。几乎一切都是一种交换，但并不总是需要涉及金钱。

传统的励志书籍不断提供关于成长、进步和成功的建议。它们传达的信息是我们应该努力到达顶峰，越快越好。想赚大钱本身没有什么错，但我们需要探究这种欲望背后的原因。对一部分人来说，少赚一点儿钱就能腾出些许时间过上更充实的生活。

正如《财富健康》（*Financial Wellness*）一书的作者米兰尼·尤瑟比（Melanie Eusebe）告诉我的那样："人们可能赚了很多钱，却被迫习惯了不快乐的生活方式，因为他们没把时间用在自己真正想做的事情上，这也正是我为什么总是把时间和金钱联系在一起的原因。"金钱很重要，但我们的时间同样重要，而且后者才是最宝贵的资源。

当然，这中间涉及的数学问题也很重要。举个例子，每周工作 40 小时赚取 10 万英镑，和每周工作 80 小时赚取 10 万英镑是不一样的。找工作的时候，你还需要了解一下公司文化，看看是否符合你的偏好。如果把薪水拆分来算，那么每小时能赚多少钱？你满意当前的工作时间与收入之比吗？若是想改变，你有能力采取行动吗？

有时，我们会忘记自己所拥有的选项。也许是因为我们没有经常审视自己，或者相信自己有能力对生活做出哪怕是很小的改变。

我与《漂流一代》（*Generation Drift*）的作者约书亚·罗伯茨（Joshua Roberts）聊过一次。约书亚先前从事的工作需要承受高强度的压力，长时间不堪重负使他精神崩溃后，他重新规划了自己的职业生涯。"我没有孩子，也不是全职保姆，跟某些人相比，我的确拥有一定程度的自由。其实我们每个人拥有的自由比想象中的都要多。我在大公司工作时赚的钱要比现在多。我现在仍然羡慕朋友们的豪宅，但我再也没有想过自杀了。所以说，考虑到这些算不上完美的权衡，我对自己做出的改变颇感满意。”他这样向我描述了做此决定并逐渐接受它的心路历程。对于很多人来说，过度工作对心理健康造成的伤害得不偿失，而且人们不再倾向于身体持续超负荷运转。在深入探讨金钱这个话题时，约书亚发现拥有很多钱并不意味着拥有健康的身体："我碰到过一些极有趣的研究对象，比如高盛集团的银行家，毕马威机构的合伙人，他们一年能赚到 100 万英镑，却活得很痛苦，夜不能眠，食欲不振。我们到底要听多少次'金钱不能带来幸福'这种话，才会真的相信呢？"

情感债务

我们必须确保在情感方面得到足够的滋养。从根本上讲，一旦陷入情感债务，就会感到精疲力竭。以下是一些不平等交换的例子。

1. 虽然我的工作算是出色，但它正在损害我的心理健康。

2. 虽然薪资丰厚，但这份工作会让我离家数周之久。

3. 虽然晋升有利于我的职业发展，但它让我无法继续从事我热爱的项目。

4. 虽然我的朋友把钱借给了我，但他可能会以此对我施加压力。

5. 餐馆为我提供了免费的一餐，却希望我在社交媒体上持续为他们做宣传。

我们不必坚持 100% 的"公平"才算得上是"合理"的交换——例如，友情的交换很少是完全平等的，只要我们心甘情愿，觉得值得就可以进行。我有一份体面的工作，办公场所也很舒适，但与之相对的交换

（当时的平均薪资）却不值得，因为工作时间过长影响了我的身体健康，还使我对工作本身丧失了乐趣。离职后，我选择了自由职业。没错，第一年真的很艰难。我努力站稳脚跟，但赚到的钱仅有先前工资的一半。我不得不做出牺牲，降低消费水平。这些让我得到了什么呢？我得到了控制自己时间的自由，倍感轻松的早晨，以及自由呼吸的空间。在我看来，这样的交换真的既公平又正确。我第一次感受到了时间和空间上的富足。交换终于没有那么不合理了。一旦我们的生活失去平衡，事情就会变得一发不可收拾，不过这正是一个重新审视生活的信号。赚钱少了一开始并没有困扰我，尽管我要做出物质上的牺牲，但我不再牺牲自己的健康和幸福。我才 20 多岁，削减开支对我来说是一件容易的事。如今，我能明确区分自己渴望的东西与实际所需的东西，这有助于我在接受工作时做出明智的选择。我不再接受那些要求不断加班、态度粗鲁或影响我健康的客户项目。对我来说，有些交换已经不再值得了，我宁愿接受报酬较低的工作，或者更灵活的工作。当然了，我们不能总是自由选择要做的工作，但即使只是意识到能量交换和个人界限的重要性，也给我的生活带来了巨大的变化。

我们每天所做的小决策都很重要，正是它们塑造了我们现有的生活方式。我们在不同的时刻交换不同形式的货币，再以不同的方式得到“回报”：时间、联系、自由和空间。理解这一点可以帮助我们摆脱金钱执念，拓宽我们的视野，追求不同的目标，寻找生活的意义。正如心理学家艾玛·赫本（Emma Hepburn）所说，“拥有时间财富（有时间去做对你来说重要的事情）比拥有金钱更有可能增加幸福感。”

说得更明白一些，便是金钱本身对我们来说并没有太多实际意义。真正具有意义的是我们可以用金钱来做的事情。如今我们生活在数字世界，很多时候看不到也用不着现金，只需通过刷卡或电汇的方式用金钱交换物品。赫本还说，“将钱花在对我们来说重要的事情上，或者有时间去做重要的事情，对我们的影响远胜于仅仅追求更多的金钱或物品。”重要的是我们要用钱去做什么。

我们可能会看重银行账户上的数字、投资账户上不断增加的金额、远期养老金或股票、股份等资产，但这只是因为它们能给予我们一种安全感。在我买下房子的那一刻，有一种巨大的幸福感包围着我，因为我知道，与丈夫住在那里一定会给我带来快乐和安全感。我感到很安心。这不仅仅是一场金融交易，也是一场心理交易。由此可见，金钱不仅能满足物质需求，还能满足情感需求。

灵性导师拜伦·凯蒂（Byron Katie）的客户并非生活在贫困之中，但他们中的许多人都很痛苦，极度渴望更多的金钱。拜伦鼓励大家做冥想练习，停止对过去或未来的思考（或担忧），而是考虑当下，此时此刻。静坐 10 分钟。她问道，现在一切都好吗？此刻你拥有充足的一切吗？这一切足够你度过下一小时吗？那明天呢？听到这类问题，许多人可能仍然认为，从实际出发，他们的确需要“更多”，也许是为了支付当晚的晚餐，或者在更广义上，为了提高整体的生活水平。但更多的人意识到自己现在已经拥有所需的一切了。这不是说不希望自己过上更好的生活（我们都应该以自己的方式追求更美好的生活），而是意识到，超过某个阈值后，幸福或满足感不会再因我们获得的额外事物而进一步提高。抓住机会享受当下的快乐，正是为未来的幸福打基础。对“更多”的追求是问题所在，因为它制造了一种永不满足的恶性循环，让我们一辈子不停追逐，总感觉自己拥有的不够多，也无法感受到真正的幸福。解决此问题的关键在于建立自己的满足感，在于从何处开始，在于如何在当下重新掌控自己的生活，也在于留出时间和空间去构想、计划更美好的生活。同样，我们也要意识到有些东西在控制和影响我们的思想，我们应该拥有更为重要的目标和价值观，而不必被社会推崇的“追求更多”的观念所左右。

出生并非自己能选择，婚姻有时纯属运气，你唯一能让自己过好这一生的就是具备调整情绪的能力。

本章反思

1. **你需要多少钱才够用呢？**多少钱才能给你带来基本的快乐和自由？你热爱哪些事情？（参考你在第二章写下的事。）清楚地意识到你的生活需要什么，你真正想要什么，以及你认为自己想要什么，并把它们加以区分，可以让你变得更有力量。
2. **为什么钱对你来说很重要？它能让你达成什么目标？**金钱代表什么，你又想用它做什么？在金钱和个人需求（无论是想买片自然保护区还是买艘游艇）方面，没有对错之分，但厘清背后的原因是有帮助的，这样你就不会头脑发热迷失在“追求更多”的欲望中。

3. **你是否体会过经济拮据?** 除去明显的开支，还有什么让你感到不舒服的事情吗（比如说，一个朋友总是未经你同意就预订昂贵的餐厅，或者邀你参加超出你经济水平的单身派对）？明确自己的金钱界限，以及什么才会让自己感觉更好。私下里和你的伙伴、密友或教练加强思想交流，探讨一下如何摆脱自认为“应该”说“是”的事情，以及真正要优先考虑的事情。
4. **除了金钱，还有哪些事情让你有成就感?** 金钱是事情进展顺利的重要标志（正如我们先前讨论过的，它也非常重要），但是写一下那些进展顺利但不涉及金钱的事情吧。你还在生活的哪些方面感到“富有”？有哪些让你眼前一亮又无须花费一分钱的事情呢?

The Success Myth

第七章

雄心壮志需适可而止

The Ambition Myth

很多事情别想得那么糟糕，毕竟，还有阳光来温暖我们的骨头。我并不期待人生可以过得很顺利，但我希望碰到人生难关的时候，自己可以是它的对手。人生海海，祝你尽兴！开怀！

——摘自佚名

最近，我从艺术家宾戈（Bingo）先生的网站上买了一幅画。画中有一段台阶，台阶一级一级往上延伸，最后陡然下落，台阶的终点赫然写着“死亡”二字。我把它装裱起来挂到了办公室里，时刻提醒自己，死亡是我们所有人为之奋斗和努力攀登的唯一终点。抱歉，也许这听起来很悲观，但我却想说，这也出乎意料地给了我安慰，提醒我要享受当下的每一天，而不是一直憧憬未来。只要我们想爬，便一定能爬完所有的阶梯，但最终我们所有人都会到达相同的目的地——死亡。最近有人对我说，大多数人的葬礼只会持续 30～45 分钟，所以当下次再担心自己是否取得了足够成就时，记得想一想其实所有人一生中的巅峰时刻，用不了一小时就能总结完。这真让人豁然开朗，明白人生中大多数事情都不值得担心。我们现在正处于生命中的某个阶段，很快就会进入下一个阶段，不值得为之间的小插曲思虑过多。如果说有什么值得记住的话，那就是它提醒着我们继续前进、勇于尝试、活在当下，做任何事情都不要过于执着。无论做什么，都要试着享受整个过程。我们能够做的比想象中的还要好。

人的一生就像登台阶或爬梯子，我们大多数人都处在不断往上走的状态，但又无法完全确定最终会前往哪里。中学，大学，考试，实习，工作，就业，成功的事业，然后呢，然后是什么？我发现人们一旦到达某个阶段，就会生出些许困惑。等一下，等一下——所有这些往上攀登的坚持和努力实际上是为了什么呢？如果爬完台阶发现上面什么都没有呢？我们连享受玫瑰花香的时间都没有了，为什么还要花大把时间追求进一步的成功呢？

在本章中，我想把这场危机变成积极的事情。如果说成功并不等同于幸福，那么我们应该如何度过这一生？如果我们集体抵制这种社会性期望，不再积极进取又会怎么样呢？

我们是否真的坐下来问过自己：我到底有多大的雄心或梦想？对我来说什么才是“足够”？正如记者莉萨·米勒（Lisa Miller）在描写关于千禧一代职业女性的文章“雄心冲突”（The Ambition Collision）中谈

到的那样："她们一生都在满足职业渴望——这些善于抓住机会、制定规则、事业有成的女性，无一不深受《向前一步》(*Lean In*) 一书的影响。而如今，她们却像抓不住氢气球的孩子。"我的确认为自己放飞了手中的氢气球，就像接受事情顺其自然地发展一样，我不再拼命地抓住些什么。也许对成功的原始渴望终会消失，就像蜡烛耀眼地燃烧过后，只剩下摇曳不定的微光。

谈到进取心发生转变这件事，我们无法忽略新冠肺炎疫情的影响。诚然，在经历了这种集体性创伤灾难的打击后，我们的观念已经发生了变化。我们真切地体会到任何事情都有可能发生，生命是如此短暂，所以重新思考生命的意义也是理所当然的。我们曾直面生活的挑战，不得不思考：我在做什么？我是否喜欢现在的生活？我们的雄心已经发生了变化，对有些人来说，这种变化可能更微妙，而对另一些人来说变化则非常明显。玛丽斯·克莱斯曼（Maris Kreisman）在她广受欢迎的文章《我的雄心去哪里了》(Where Did My Ambition Go）中写道："当工作岗位消失，你为之努力奋斗的目标不复存在时，你的雄心会去何处？如果你一直追求的东西变得不再重要，那一切会变成什么样呢？"

新冠肺炎疫情后，《纽约时报》发表了一篇名为《反雄心时代》的文章，标语是"25 万人纷纷离职，背后的原因远远不止职业倦怠"。疫情期间，我们无法回避这样一个事实：工作被贴上了"必要"或"非必要"的标签。正如我们在"生产力迷思：少即是多"一章中看到的，人类学家大卫·格雷伯的术语"狗屁工作"进入公共视野后，许多人意识到他们所从事的工作其实毫无意义。白纸黑字清清楚楚地告诉我们，少了我们敲敲键盘或把笑话上传到网上，世界照样运转。拥有进取心不再表现为不停地更新领英网上光鲜的个人履历，成功的生活突然开始变得与以往完全不同。我们开始想，也许我们的理想和抱负不是坐在灯火通明的小小办公室隔间里拼命。也许我们还有别的活法。

2022 年，我与谷歌合作开展了一项研究调查活动。调查的结果显示，在后疫情时代，高达 50% 的英国成年人重新审视和考量了自己的友谊、恋爱关系和职业。搜索新课程的人数明显增多，许多人考虑转向能让自己更有满足感的职业。《纽约时报》也刊登了一篇名为《欢迎来到 YOLO（You Only Live Once，即你只活一次）经济》的文章。文章里谈到一群“精疲力竭的千禧一代的精英打工人”，他们多年来“弯腰坐在笔记本电脑前，马不停蹄地参加没完没了的视频会议，娱乐方式仅限于工作间隙做做面包和参与一下骑行活动”，而现在，他们“掀翻了精心布置的人生棋盘，决定孤注一掷”。这句话概括得精辟到位：这个世界告诉我们“只要努力工作，就能实现梦想”，而实际上我们追求的梦想只是坐在屏幕前为他人做牛做马！我们一度为这些梦想而活，但现在，我们更加注重自身的幸福。也许我们现在所说的实现“梦想”更像是减少工作量，或者以不同的方式工作，于是 YOLO 一代工作者诞生了。他们找到了创造性的赚钱方式，不再过度关注外在。“梦想”对我们所有人都开始变得不同，我们意识到传统的“职业抱负”好似千篇一律，它们不再那么令人向往了。

曾经的雄心抱负

在过去，“雄心”一词对我来说意味着什么？让我们回顾一下过去吧。我在埃克塞特长大，从很小的时候起，我的内心深处就知道我想要——需要——冲破家乡的束缚。我的家乡是一个可爱的地方，能够满足人们所有的生活需求，曾经在 2018 年被评为“最佳宜居城市”。这是一座人们安居乐业、政府治理有方的城市。对许多人来说，他们的梦想在这里触手可及：开着漂亮的车去逛商店，回家把车停在自家花园，再走进宽敞的屋子里。这里还有一流的电影院、大型图书馆、热闹的艺术场所、美丽的公园、氛围浓厚的艺术场地、琳琅满目的商店、美味餐馆、绿色的大教堂，还有许多可供朋友们聚会的场所，比如运河船闸边上那家有露天座位，颇具 18 世纪风格的客栈，谁不想住在这里呢？

所以从很多方面来看，这里都是理想的居住地。我很幸运能在这里长大，距离德文郡最美的海滩也只有不到半小时的车程。但就是有什么东西吸引着我，告诉我必须离开这里，我一旦足够成熟，就可以离开。我猜我那时的“雄心理想”是想效仿狄克·惠廷顿（Dick Whittington）所做的事情，收拾行李，独自前往一个陌生的大城市，拥有更大的梦想，居住在更大的地方，实现更大的目标——无论这对年轻的我来说意味着什么。

回望过去，我不禁要问，为什么我从小就如此渴望这样的生活。为什么我会在深夜躺在床上搜索“苏豪广场”，翻看那些高楼大厦的照片？明明一切看上去都很糟糕，地铁里既肮脏又拥挤，照片里的人看起来承受着巨大的压力。说到与雄心抱负的关系，我时常在想，草地会永远这么绿油油的而不会枯黄吗？从很多方面来说，我都有点羡慕那些留在家乡的人，或者至少是那些不管怎样还能够享受稍微安静一些的生活的人。生活在伦敦这样的大城市，甚至连找干洗店这样最基本的小事都能拍成《水晶迷宫》（*The Crystal Maze*）里的一集。而小城镇或村庄的组织机构更加简单，也更容易做好社区管理。在一个追逐“忙碌”的城市里，人们总是精力充沛，内心却难以感到平静。

我离开家乡时心中的梦想并不比别人伟大多少，只是与别人不同而已，回想起来，我很高兴我是按照自己的意愿去做的。雄心梦想是个人的事情，只有我们自己知道我们想要什么，或者至少知道应该尝试什么。我从巡回售书活动中遇到的人那里听到了许多故事，他们说在成长过程中并不觉得自己能主宰自己的雄心和抱负。他们觉得理想和壮志都是父母和社会强加给他们的。我们会取得好成绩，会考上大学，会顺利毕业，会不断进取。众所周知，婴儿潮一代的父母给孩子灌输了强烈的职业道德，希望他们能做到最好。但我的父母从未给我施加过压力（除了希望我为自己的未来努力奋斗），而且身边的人告诉我一切皆有可能。这种围绕追求我们本身想要的东西给出的指导和授权，得益于良好的教育和伟大的父母。不是“你应该”，而是“你可以”。树立更多雄心也可能是出于对未来和职场状况的担忧。我记得在大学时，一位导师打断了我们的讲座，提醒我们说现在是经济衰退期，谁都不能幸免。从统计数据来看，我们当中只有少数人能够找到工作。这无疑增加了工作机会的稀缺感，但同时也助长了我们的雄心。

20多岁的时候，我还在摸索自己与“雄心抱负”的关系，那时候周围的媒体和流行的文化都对我产生了巨大的影响。

索菲娅·阿莫鲁索（Sophia Amoruso）的著作《女孩老板》(*Girlboss*）于2014年问世。书中记录了她如何在2006年从MySpace商店创立时尚品牌Nasty Gal，如何自力更生将其年收入提高到3000万美元，并最终将业务规模扩大到1亿美元以上。她登上了《福布斯》(*Forbes*）的封面，成为美国白手起家、最富有的女性之一，排名仅次于碧昂斯（Beyoncé）和泰勒·斯威夫特（Taylor Swift)。她在此行业驻足了一段时间，借助自己的成功经历举办研讨会，做关于“如何成为成功者”的主题演讲。最终Nasty Gal面临倒闭，被boohoo公司收购。在20多岁的时候，我很喜欢“女强人”这个词。我喜欢索菲亚的故事。我喜欢她的活力、她的决心，还有她始于一个想法、一个MySpace账户的创业故事。我差点儿就把“女强人”写进了自己的简历，完全陶醉其中。记得在纽约的一次旅行中，我在一家商店里看到了这本淡粉色的书，然后坐在公园的长椅上，一口气把它读完。脑子里冒出来一个念头：“我想成为女强人！”对我来说，“女强人”不再仅仅是一个词，更是一种情绪，一种感觉，一种“去他的，我完全可以按自己的方式做事”的感觉。它还是一种身份的象征，一场女性崛起的运动。那时的我就像一只扑火的飞蛾，虽然“女强人”的故事充满力量，但那个穿着浅色西装的女人闪亮的外表从未真正展现出全貌。从某种程度上来说，“女强人”鼓励女性创业，提出自己的见解并积极拉动投资，在那个只有不到 2% 的女性创始人获得风险投资的时代，只能作为一个标签存在。发展、扩大业务的幕后工作非常艰辛，但做自己公司的 CEO 对她来说是一枚闪亮的荣誉徽章，带给她自豪感。女强人的想法太肤浅，也太梦幻了。我们在《福布斯》封面上看到许多女性双臂交叉，摆出女强人的姿势，其实这掩盖了真实的工作和“成功”背后需要付出的种种努力。

有一次我偶然碰到一个熟人（我叫她莎莉），她看起来疲惫不堪。她在 Instagram 上推出了一个应用程序，算是典型的女强人，但在现实生活中，她筋疲力尽，健康状况堪忧。这款软件运行良好，她把所有时间都花在了推广宣传上，根本没有时间做些真正有趣的事情。她还必须比自己的男性同行更加努力工作才能获得赞助。“女强人”的头衔抓住了千禧一代女性的心，但它并没有真正为我们高效而且长久地获得事业的成功提供有用的帮助。“女强人”这个概念的最大问题在于它过于狭隘、过于受限、过于“前卫”了。它没有将女性能力的真正广度和多样性，以及成功的不同表现考虑在其中，缺乏灵活性，过于死板和墨守成规。围绕女强人展开的讨论并未考虑到种族或阶层等其他交叉因素。正如罗莎蒙德·欧文在 *ELLE* 杂志的一篇文章中谈到“女强人的梦想”时所说，“现实往往与梦想相去甚远——尤其是在包容性方面。似乎只有少数几个人能够胜出，而且她们都是一个模子刻出来的：容貌出众、社交媒体达人、打扮时髦，而且通常是欧洲裔。”成为一名女强人就像做一个芭比娃娃，她根本不考虑现实情况，只顾追求一个完美的形象，到头来没有人能够真正做到。因为一旦我们成为不了自己，就算不上真正的成功。就连索菲亚·阿莫鲁索也受够了。她在 Twiter 上写道，“请不要再用‘女强人’这个词了，谢谢！”这些年过去了，就连她也在重新定义成功的含义，就像我们所有人一样。

我在 20 多岁的时候，每每看到女强人们积极参与国际妇女节的座谈会，感觉最糟糕的事情仿佛就是自己没有雄心壮志。征服世界，赋予自己和他人力量，甚至想去摘月亮，这些梦想都无不顺应潮流、令人备受鼓舞。不管是创办一家高估值的公司，还是筹集数百万元捐款，雇用数百名工人，在所有的首都城市打造自己的办公室，都是外界鼓励女性去做的事。如果承认自己没有一点雄心，或者就想躺平（但愿不会），我们就会心生羞愧。我们注定要寻求巨大的机遇！人们一直谈论着“职位天花板”，追求更高的决策权，或者更多权利和机会。在我们之前，已经有许多女性竭尽全力争取这一切，所以全力以赴是有意义的。而若不拼尽全力的话，我们就不被社会认可。因此，即使天生没有雄心的女性，也被迫表现得雄心勃勃。我认识的那些想陪孩子待在家里的女性朋友们，在这种情况下竟为自己感到羞耻。正如我在本书中所阐述的，所有成功的定义都是合理的，所有成功的版本都是值得认可和赞扬的。我们是时候跳出传统的局限性认知，重新定义成功和雄心的含义了。

那么雄心抱负对现在的我来说意味着什么呢？这些日子，我回到了德文郡，欣赏着海滨风光和沿途景色，我意识到自己又重新回到了起点，我仍然是一直以来的那个我，只是“雄心抱负”像一只饥饿的小狗一样在我身上挠来挠去。现在我松了口气，往日的不安感似乎已经消失，至少变得柔和一些了。我不再将雄心壮志视为必须去追逐的东西。Bupa Health 的一项研究发现，人的欲望和雄心在 33 岁时达到巅峰。写下这段话的时候，我距离 32 岁还有 3 个月的时间。我跟我的一个教练朋友说道，自己现在正试着摒弃传统的成功标准，她神秘兮兮地说，“啊，你进入第二阶段了。”第二阶段是旅程的重要部分。（稍后将详细介绍。）

事实上，发现自己不再那么雄心勃勃之后，我一时有些难以接受。很明显，雄心壮志也是有限度的，可是现在，雄心不似从前那般强烈，甚至说是不复存在了。或许在外界看来并非如此，但我自己能够清楚地感受到。这样的转变不是我能控制的。起初我很难承认，好像这是一件可耻的事情。当你不再追求社会普遍认可的成功时，会发生什么？你如何面对日益减弱的欲望？如何面对可能令他人或自己失望的情况？如何平息内心的焦虑？你所放弃的机会可能正是他人梦寐以求的，你又是如何接受这一事实的？承认自己缺乏雄心抱负，可能让人有所畏惧，除非弄清楚这些感觉最初从何而来。

雄心抱负并非一成不变

我的朋友黛西（Daisy）用“在女强人启示录的荒地上蹒跚而行”

来形容“大杀四方”时代过去后的景象，这让我忍俊不禁，想象着我们走在一片荒芜的土地上，手握断掉的高跟鞋，问道：“这究竟是怎么一回事？”的画面。尽管我们有“女强人”一类的书籍，T恤上印着“未来属于女性”的口号，但我们仍未实现一直以来强调的平等。10年来，工资差距一直存在。从Crunchbase的数据来看，2020年，全球对女性创始人的风险投资从2.9%下降到了2.3%。对于非洲裔女性来说，这个比例则更低，她们获得的风险投资资金不到全部风险投资资金的0.35%。全国各地的女性仍然会因为怀孕而被迫降薪、降职甚至离职。“怀孕就完蛋”组织的创始人乔埃利·布里尔利（Joeli Brearley）就曾是受害者之一，她在同名书中解释道：“每年有54 000名女性因选择更好地尽母亲的职责而被迫离职，3/4的职场妈妈面临着职场歧视。这些还是在新冠肺炎疫情发生之前，疫情则带来了无休止的育儿挑战，以及社会对女性怀孕和产假的公开歧视，以上种种情形使得众多身为母亲的女性不得不退出劳动力市场。”

正如我们在第一章中所看到的，由于人们对女性存在刻板印象，因此她们在某些护理类或公共服务类的工作中占比较高，而男性更有可能在其职权范围内拥有一定程度的自主权，即使他们从事的是低薪工作或自营职业（直到2021年，男性员工的人数仍占劳动力中技术人员、机械工和电工的99.19%）。传统上被视为适合男性的工作（地位高、嗓门大、更显眼）得到了回报，而女性往往是家庭中的“帮手”或扮演支持另一半生意的角色，缺乏主人翁意识。丽莎·米勒（Lisa Miller）在她的《雄心碰撞》(Ambition Collision) 一文中总结道:"这就好像女人们已经为自己如日中天的事业留足了空间，然后发现它们并不如想象中那么令人满意，或者成功之路更加艰难，或者发展更加受限……女性满怀雄心抱负和期待进入职场，到 30 岁左右才发现自己陷入了某种困境而幡然醒悟。"

我一直试图跳出奉行这种不平等原则的僵化体制，试图不依赖于外部资金的支持运营自己的企业，以自己的方式重新定义雄心和抱负。我于 2017 年出版的《个体突围》一书，旨在改变一直以来的工作方式，不再将自己完全与工作捆绑在一起。我希望拥有追求不同兴趣爱好的自由，而非将自己局限于某个特定的职位。然而，有些评论家将我的观点与搏命文化、雄心抱负、个人成长和获得财富等概念混为一谈，仿佛对雄心的认识已经从"争取办公室的一席之地"转变为每天都要全身心地投入到创业中。还有一些读者认为，我建议大家在忙碌的本职工作之外还要有副业兼职，但这些都不是我原本要传达的意思。

不是每个人都想拥有自己的公司，或是身兼多职，也不是每个人都必须将自己的副业变现，或是创建自己的"品牌"。有的人喜欢互联网提供的机会（包括我自己），但有时候忽略了某些重要的事情：自己想要的跟朋友、同龄人或陌生人想要的完全不一样也没关系；对雄心的定义有所不同也没关系。是的，我曾写过有关多种收入来源和平衡多种兴趣的文章，但实际上这都是在说，我们应该以适合自己的方式重新定义"雄心"一词。成为一名多面手意味着你可以自己规划职业生涯，安排工作时间。如果你愿意的话，每周工作 4 天也未尝不可。这也意味着你可以多进行实验，不断尝试不同的项目。这是一种为我们自己（而不是其他人）定义成功的方式，我们可以参与不同的项目，尝试新的事物，就像制作拼图一样，为自己拼凑一个多姿多彩的生活。我们可以通过多种渠道创收以赚足够的钱来过数字游民的生活，或选择沃伦·巴菲特式的工作方式。这是我个人定义成功的方式，其他人则可能向往朝九晚五的工作模式，以及工作与生活之间的明确界限（尽管我认为不管工作环境如何，每个人都应设立好这个界限）。我们的目标是弄清楚自己想要什么，而这可能与你的朋友或网络红人想要的完全不同。我们可以满怀抱负为自己想要的生活奋斗。雄心并不一定意味着始终如一的目标。我们的雄心抱负会随着生活中的变化而发生改变，对成功的定义也是如此。在我们的一生中，雄心壮志不可能一成不变，这并没有什么大不了的。

我们对雄心壮志的观点和看法自相矛盾也是可以接受的。不管在日常生活中还是在播客节目里，与我聊过职业生涯的大多数人——老板、出版社高管、杂志编辑或名人，都会在“征服全世界”和渴望在海边小屋安稳度日之间举棋不定。我们大部分时间都在这两个平行世界之间徘徊，时而渴望更多，时而想要很少，时而又不知所措。那些疼爱孩子但渴望自由的母亲；四处旅行但怀念自己小床的旅人；渴望建立恋爱关系但又不愿妥协的单身贵族，既想拥有一切，同时又什么都不想要，或者在不同时期渴望完全不同的东西，都是很正常的事情。我们来回切换各种愿望，不一定都是朝着积极向上的方向发展。我已经意识到我的雄心壮志就是过上美好的生活，而不是纯粹为了雄心梦想而追逐梦想。

一人公司

保罗·贾维斯（Paul Jarvis）在《一人公司》（*Company of One*）一书中提出了一个令人耳目一新的看法："更多不一定意味着更好。"他还探讨了如何避免通过扩展业务来获得快乐、精彩，甚至极具创造力的人生。保罗离开企业后，慢慢意识到高调工作、拓展业务战略和成为成功的精英人士，并不符合他个人的成功理念。现在，他按照自己认可的方式工作，过着更有意义的生活。

我不再因为外界对我的"固有期盼"而执着于追求更大的目标、获得更多的成就。我想保持现状，珍惜现在拥有的一切；我的目标并非拓展业务、开拓市场和征服世界。也许我可以雇用更多员工，制定更多战略，投入更多资金，但看着那些做得"更好"的同行们，不管是卖出了更多的书，赚到了更多的钱，还是享受到了更奢华的体验，我都会耸耸肩，告诉自己："那对他们来说是很好，但我只想放慢脚步，看看已经取得的成绩。"我想要享受当下正在做的事情，而不是将一切都变成要去实现的目标。我不想再成为肩负着统治世界使命的女强人了。

享受奔跑

我最近迷上了跑步，有趣的是我的心理活动：我并不是只想“去跑步”，而是想成为一名跑步者。我想买齐所有时髦的健身器材，下载 Strava 应用程序，告诉朋友们我的跑步计划，还想和其他跑步者一起跑步。我觉得自己不太活跃，喜欢在工作之外做些其他的事情，所以就在某个周六的下午选择去慢跑。一路上看到了狗狗在主人身边跑来跑去，肆意玩耍；观察树叶颜色的变化；经过肩并肩约会的青涩恋人……但当我径直跑入一群穿着高可见度运动服参加周末比赛的赛车手队伍，看到他们用运动手表检查配速时，却突然感到一阵空虚。对他们来说，这一切都合情合理，我却觉得很不自在。我是谁？我为何要在周末跑步？低头看看自己的 Strava 应用程序，上面显示我只跑了 2 公里，少得可怜的 2 公里。我顿时疲惫不堪，灰心丧气，于是拖着疲惫的身体回到家中，翻开莎拉·莫斯（Sarah Moss）的小说《夏之水》（*Summerwater*），我看到了这样一段话：“关于分钟、秒、配速和个人最好成绩的讨论从未停止，难道我们还没厌倦被衡量、被记录、被评判的生活吗？为什么就不能简单地享受跑步呢？”我松了一口气，肩膀也放松了下来，放下书本，我对自己说：为什么不直接跑呢？我意识到我的内心深处有了些微改变，那天，我提醒自己这就已经足够了。

43 岁的 *ELLE* 杂志前主编法拉·斯托尔（Farrah Storr）写了一篇名为《平庸的重要性》（The Importance of Being Mediocre）的文章，她在

其中谈到自己对园艺的热爱："园艺是属于我的，而且只属于我一个人。这个爱好不掺杂作秀的成分，无须达成什么终极目标，除了我自己是否喜欢以外，也没有其他用以衡量的标准。其实用'喜欢'这个词也不太恰当，因为'喜欢'这个标准本身也会不断改变。我想园艺带给我的是一种舒适的幸福感。它让我专注，让我摆脱纷乱的思绪和紧张的心情。这就已经足够了。"允许自己培养一些平淡、轻松的兴趣爱好，也许更有助于发展自己的职业生涯。

我曾经采访同时身为作家、音乐家和播客主持人的凯西·海勒（Cathy Heller），当谈到雄心和事业的话题时，她认为我们经常忘记成功的范围其实很宽泛。大多数人都处于成功的中间地带，重新调整我们的雄心与之相匹配也无可厚非。身处追捧名气和"超级巨星"的世界里，她坚信要有自己的抱负，并让它为己所用。在竞争极其激烈的音乐行业中工作，她意识到自己不需要达到顶峰就能赚到很多钱，同时能让很多人听到她的音乐："我认为对很多人来说，他们追求的要么是大获全胜，要么是一事无成。这难道不是自欺欺人吗？我们完全低估了自己，又高估了实际情况。其实我们根本不清楚自己处于成功范围中的何种位置。比如说，就像是……怎么说，就像我的确很喜欢音乐，但我要么成为碧昂丝，要么干脆不干这一行。所以说……我不如去保险行业工作。"为什么我们会给自己施加如此大的压力，必须成为"最好"的那一个呢？实际上达到某个不错的水平就已经足够了。许多人甚至因为认定自己做不到最好，就完全放弃了自己的梦想。可如果这件事能够带给你快乐，继续做下去又有什么错呢？我最近看了一个 BBC 节目的片段，聊的是特雷弗·纳尔逊（Trevor Nelson）采访身为歌手同时也是艺术家的戴娜迈特女士（Ms Dynamite）对成功的看法。戴娜迈特说道："有人问我，你更渴望获得主流的成功还是小众的认可？我整天都在说'小众的认可'。"成功并不是要受到全世界的追捧，它也可以是以自己的方式做自己喜欢的事情。

在 2019 年新冠肺炎疫情爆发之前，我就已经注意到我所欣赏的各个年龄段的女性都不再痴迷于所从事工作的无尽"魅力"。我们已经看到了法拉·斯托尔对园艺的热爱，她还告诉我她现在跟自己的小狗一起住在乡下，远程办公。《魅力》杂志前主编乔·埃尔文（51 岁）如今已经离开杂志行业，成了一家慈善机构的首席执行官。《时尚》杂志前主编洛林·坎迪（53 岁）则经常分享自己在康沃尔郡野泳的照片。这些都不是《穿普拉达的女王》里描述的场景，也没有一尘不染的白色办公室。我经常想，好莱坞将工作和职场呈现得如此浪漫，就像迪士尼用白马王子的形象塑造王子一样，让观众产生许多不真实的期待，他们是否应为此负责？

我记得有人曾建议我："不想当将军的士兵不是好士兵，如果不想做到顶头上司的位置，还不如直接退出。"这意味着：如果我们不想在事业中不断攀升，那不如离开当前领域。但这其实也是一种误解。我慢慢发现留在原地并没有什么不对，也许不渴望老板的职位是可以的；也许有时候平稳前行，享受生活中的点滴幸福，不去制订远大的计划也是可以的。我很喜欢这个观点：如果你不知道该做什么，有时候最好的选择是什么也不做，更不必做出某些重大的决定。

我们一直在改变，对生活的期待也会不断发生变化，但有时我们忙于工作或其他生活琐事，忽视了内心的指引和需求。我已经记不清有多少人告诉过我，他们一直埋头工作，几年后突然意识到自己整个价值体系都已经变了，认为自己所从事的职业毫无意义。很多人几乎从未理会过自己的身体发出的信号，只为了追求雄心理想而努力，最终却忽略了自己真正需要的东西。

“拒绝”带来的成就感

也许你觉得所有人都会因升职而欣喜。因为在那一刻，我们所有的辛劳和努力终于得到了认可，在事业的阶梯上又升高了一级。但我一直对事业“阶梯”的概念和比喻有所疑虑，因为它暗示职业只能纵向地向上发展，而当我回顾自己的职业生涯时，却发现做得最明智的决策往往都是横向发展。反而将个人职业比喻成“丛林攀爬架”的观点对我产生了深远影响，就像在丛林中攀爬树枝一样，无论是向下，还是向旁边移动，或是仅凭直觉决定移动的方向，都让我感到更快乐。正如我在“金钱与成功无关”一章中所说的那样，我在 20 多岁时辞去广告公司的工作，不得不接受减薪和降职，但那却是我整个职业生涯中最具决定性的一刻。我从广告界转入了写作界，没错，我的收入减少了，还做出了一些牺牲，但好在仍然负担得起日常的开支。我只是不再跟朋友们外出吃饭，取消了奈飞（Netflix）账户及其他各种需要花钱的订阅号，我也没有再买新衣服，学会了精打细算，但我终于走上了自己想走的道路。如果我很痛苦，那么拥有再多的钱又有什么意义呢？我的意思不是说开始的时候并不困难，相反我还要在杂志工作之外找到更多赚钱的方法，但是，如果我只通过“向上”的视角来看待成功，就会错过这个最终让我走向更好境地的机会，更不用说创作这本书了。当我们朝着自己定义的成功目标前进时，便能体会到前所未有的平衡感。

从某种程度上讲，升职可能意味着背离你踏进此行业时的初衷（可能造成职业满意度和工作积极性下降）。升职往往伴随着更多的责任，并非所有人都喜欢扮演管理者的角色。因此，也许我们职位得到了晋升，也赚到了更多的钱，但并未因此感到满足。我曾与33岁的中学教师金（Kim）交谈过一次。她说升职以后，她的大部分时间都不再是去教室上课。“我很快意识到自己真的很怀念与学生在一起的时光，怀念那间教室里的欢声笑语，也怀念传授知识的感觉。我发现自己并不适合行政方面的工作，也无法从中获得满足感，即便原来我只是一名普通的教师。”她想回到和年轻人在一起的时候，那时的她每天都很快乐。我喜欢金提到的“不是每个人都应该一样”的观点：“每个行业都需要那些雄心壮志，渴望升职加薪，梦想攀升到金字塔顶端的人——但同时也需要那些满足于当前所在的岗位，并努力做到最好的人。”她已经明确了自己对成功的定义：“成功就是拥有一份自己喜欢并且真正想从事的工作（至少大部分时间是这样）；能对他人产生影响；拥有一段能够相互支持的宝贵友谊；以及满足于当下的生活，而不是一味追求更多。”

我采访了一家非营利组织的营销经理萨农巴（Sanoobar），工作多年后，公司给了她一次大的晋升机会，作为留任的奖励。她承认这“合情合理”，但是她说：“在得知能晋升之后，我并没有高兴得跳起来，直觉告诉我哪里有些不对劲。我开始质疑自己为什么要继续留在公司，以及我是否真的快乐。”她被自己的想法“吓坏了”，于是向家人和朋友寻求建议。身边的人对她非常诚实，直接表示她在过去几年中明显成了一名工作狂，甚至在某种程度上失去了自己的生活。“我每天工作 12 到 14 小时，周末还要查看电子邮件，时刻等待“叮”的消息通知，就像离开了它就活不下去一样，即使休假期间也要随时随地保持联系。有一次我在迪拜的海滩上通过 FaceTime 跟公司经理视频通话，向他保证我已经制订好了接下来的活动计划。那一刻我的心情跌到了谷底。当时我正在度蜜月，没错，我把保持联系做到了那种程度。”她内心深处知道，这次升职意味着将要承受更多痛苦和压力，而她早已身心俱疲。“我已经没有精力再去管理更多员工了，尽管他们一再向我保证薪资会很可观，但我觉得并不值得继续坚持下去了。”

在她拒绝升职的第四年，我询问她关于成功的看法，她说感觉自己就像变了一个人：“一想到要通勤，到那么远的地方去上班，还要经常抛头露面，我就觉得疲惫不堪。金钱和成功不再是我的动力。在我以前的认知里，成功就是能够担任高级的管理职位，赚很多钱，住在大房子里，然后工作到 40 岁退休。而现在，我认为成功就是内心平静。我想在一个能够让自己感到受重视、感到快乐，并能回馈社会的地方工作。我想从事一份可以下午 5 点下班的工作，好能与家人共度时光，而不用为晚上 10 点还躲在羽绒被下看电子邮件而感到内疚（没错，我曾那样做过）。对我来说，成功就是知足常乐，再赚些额外的收入花在生活中有趣的事情上，有时间在度假时体验生活。这次新冠肺炎疫情让我认识到与朋友和家人在一起的时光是多么宝贵，就算给我再多的钱也不能让我放弃陪伴他们。我想参与饭桌上的谈话，而不再是从桌子底下查看工作电话。传统意义上的成功如今给我造成了比以往更沉重的压力。”

放弃才能成功

我们拥有选择彻底退出的权利。2021 年 7 月，年轻的奥运选手西蒙·拜尔斯（Simone Biles）因“退出”东京奥运会而成为新闻头条，登上了 Twitter 热搜榜。那一刻就像一个分水岭，不仅对西蒙而言，对所有观众来说也是如此，因为我们亲眼看到了一个人把自己放了在首位，置于目标和成功之上。不管是从传统的认知，还是平时从媒体的报道来看，这种情况并不常见。她没有强迫自己追逐金牌，而是对世界说：“我必须关注自己的心理健康，对自己的人生负责。”在我看来，这句强有力的表态是给我们所有人的一张准假条，让我们也可以像她一样。其中的潜台词听起来就像：你知道自己有选择的权利，对吧？你知道可以不必以牺牲健康为代价，逼自己挑战极限吗？

“退出”正当时。2022年，畅销书《像女性一样退出》（*Quit Like a Woman*）的作者霍莉·惠特克（Holly Whitaker）与朋友艾米丽·麦克道尔（Emily McDowell）一起推出了“退出”播客。每一集都围绕摆脱某种事物展开，内容涵盖了社交媒体、酒精、老板身份，以及自我提高等方面。这档播客节目将“退出”重新定位为对那些使自己痛苦的事情说“不”，转而对自己说“是”。因为害怕便放弃自己渴望做的事意味着逃避，但当你感到某件事不对劲时选择主动放弃，则是一种充满力量并值得推崇的行为。

长久以来，放弃一直被视为软弱的表现：承认自己没有能力处理某些事情。“不要放弃”是我从小就被灌输的观念，但现在，这种观念正在慢慢发生变化：放弃不再对自己有益的事情是一种力量的象征，值得肯定。我意识到自己大部分的雄心抱负、动力和决心都源自恐惧。害怕失业（毕业后赶上经济不景气）、害怕成为一个糟糕的女权主义者、害怕自己最终一事无成、害怕自己不够好。我的雄心同时混杂着不安全感——追逐成就曾是我追求他人关注的方式。我曾认为只要取得某项成就或荣誉，便可以得到更多的爱，不管是来自他人的还是自己的。当我们用雄心抱负苛责自己时，它就会带来负面影响。我们倾向于将它当作对自己“有条件的爱”，而放弃则表明你将生活重新掌控在了自己手中。

“上限”一词是由作家盖伊·亨德里克斯（Gay Hendricks）创造的，它是指当你达到幸福或成功的极限时，恐惧或自我意识会让你回到自己的舒适区。也许你认为自己不配取得某种成功，所以可能放弃某些机会，或者停止前进的脚步，以便重回熟悉的舒适状态。我意识到“上限”（出于恐惧而克制自己）和欣然接受我们的确存在极限间的区别。如今每当我试图解释自己对“足够”的感觉时，周围的人总是不太相信我：“不！你肯定想要更多！你一定想伸手摘星，只不过是害怕罢了！”事实却是，我的确不渴望人们认为我应该追逐的那些东西。人们一旦得知你不想要那些所谓“理所当然”的东西，就会感到困惑，比如我不想生孩子，不想上电视，或者不想住豪宅，他们都无法理解，但这些的确不是我的个人目标。不想一味追求更多难道有什么问题吗？告诉大家“我已经到达了一个令自己满意的阶段，我要在这里停留一段时间”有什么错吗？事实上，这样的决定拥有极其强大的力量。

真正的成功是在满足现状和不断改善自己的生活之间取得完美的平衡。我喜欢两者共存的想法。在传统意义上，反对追求雄心壮志并不一定意味着什么都不做，实际上这可以意味着暂停为模糊的目标无休止地奔波，专注于创造有意义的生活，以一种新的方式追求自己的雄心抱负。我采访了作家安娜·迈尔斯（Anna Myers），她最近写了一篇文章，讲述了自己为何认为知足比雄心更好。安娜曾渴望在名人界有所作为，参与过泰勒·斯威夫特（Taylor Swift）的公关工作。尽管这被当作“梦寐以求的工作”，四周环绕着光彩和成功，但她却在忙碌中迷失了自己。后来，她恍然大悟，意识到也许有另外一种可能正在等待着自己。人们容易将知足常乐与上了年纪联系起来：这种只有在退休后才能体会到的感觉，就好像我们必须取得足够的成就之后，才敢说自己感到很满足。因此，我问28岁的安娜：“我们如何在获得平静和感到满足之间取得真正的平衡，同时还能追求更大的目标？”安娜说：“我试着设定一个宏大、富有远见且遵从内心指引的目标，确保它能够真正激发我的热情和动力，而不仅仅是别人认为我应该渴望的或是表面看起来很了不起的梦想。我将它们写下来，我清楚地知道它们是什么，为什么对我来说很重要。宏图伟志，从容追寻。你明白吗？”这让我想起了自己最喜欢的语录之一：期望高远，预期适度。我们可以有远大的梦想，但不必为此耗尽精力。人生（希望）比我们想象得要长，无须总是急于求成。

如今，我和身边的朋友就雄心进行了更加深入的交流，了解到他们很多人实际上并不渴望成为有权有势的CEO，也不想穿着高级职业装忙忙碌碌直到工作崩溃的那一刻。他们只想从事一份较好的工作，能够按时上下班，有时间照顾好自己，或是能在家多陪陪孩子。他们大多数人也意识到这种想法会交替出现。有时候想多休息一会儿，有时候又感觉自己就像坐上了动力火箭，渴望全力以赴。

我很好奇，为什么很多人觉得他们必须悄悄表明自己的梦想，还要征得他人的同意，仅仅是因为他们的梦想看起来与传统意义上的“拥有一切”（无论这意味着什么）略有不同。我有一位朋友最近辞去了她在大公司的职务，因为她的丈夫收入很高，所以即便她不再担任中层管理人员，也能为当地社区做很多事情，很好地抚养孩子。另一位朋友希望每周工作4天，而另一位朋友则希望工作少一些，收入随之减少也没关系。也有一位朋友想赚到6位数的工资，并且可以远程办公。还有一些朋友，有的辞掉了出版业高级主管的工作，有的想离开伦敦去海边的书店工作，宁愿赚更少的钱，有的朋友卖掉了所有身家，50岁时成为在别人家借宿的旅行者。这些选择当然要付出代价。不过在很多方面，他们也拥有了退后一步的特权和途径。我们所有人的雄心都因人而异，所以我希望大家最终都能开诚布公地谈论这个话题。

认识到自己雄心的极限是一个突破性时刻。这是一种释放，让你可以尽情享受生活，尝试新鲜事物。享受乐趣、勇于尝试和保持好奇是我如今在工作中最看重的3种品质。它们使我成长，帮我传达我想要传达的信息。它们使我学会与人沟通，而非试图征服他人。我最喜欢的一句话是，“我不是来追求胜利的，我是来做贡献的。”第一次听到赛斯·戈丁说这句话时，我才20多岁，那时我想：是啊是啊，赛斯。我们都会对孩子们说“重在参与”，好让他们不会那么受伤。最近我发现自己自豪于对集体所做的贡献。生命是有限的，没有人能永远活在这个世界上，那我们为什么如此痴迷于追求胜利呢？我很乐意做出贡献，为他人留出位置，并积极参与其中。我完全不想成为最优秀的那个人，那听起来压力太大了，而且既难实现又难保持。集体抱负的感觉更强大，更温暖，也更适合我。我不再执着于竞争中的胜利了。

戈丁还谈及为他人工作、服务、表现和改变。他对成功的定义不再是登上《纽约时报》畅销书排行榜的榜首，而是为少数人做些有价值的工作，“照亮”他们，帮助他们实现个人理想。在我成长的过程中，“雄心”通常意味着奋斗、攀登、进取、成长。而现在，雄心有了其他含义。它仍然涉及成长，但不以我们的幸福为代价。这是一种关乎集体的，或者说是以服务为导向的雄心。在商业术语中，集体抱负通常意味着所有员工拥有相同的使命感，将成功视为团队共同努力的结果，而不仅仅是个人的胜利。就像 2022 年欧洲杯英格兰女足赢得的那场比赛一样，获胜的不单是那个进球的队员，而是整支球队。前新西兰总理杰辛达·阿德恩（Jacinda Ardern）有句话说得很好：“如果经济增长导致社会问题更加严重，就不能算是真正的成功，而是赤裸裸的失败。”雄心和成功不应该只属于已经位居顶端的人——雄心应该是让我们身边的每个人都更加成功。

雄心的界限

找到雄心的理想平衡点意味着明确我们的界限。如果我们既想保持雄心壮志，又想知足常乐，那就需要将“成长”重塑为一种享受生活的方式，而非消耗自己。萨里·吉尔曼（Sarri Gilman）在 2015 年 TEDx 演讲中对这一道理的阐述非常精辟，她解释说，成功和雄心往往等同于接受一切。萨里曾经营一家机构帮助无家可归的青少年，她说自己曾对这个职业“深感执着”。公司不断发展，对她提出了越来越高的要求。“即使我一周 7 天，一天 24 小时，日复一日，年复一年地随叫随到，那又怎样？如果我生病了……或者因此产生了创伤应激障碍，那又怎样？

直到有一天，我坐在漆黑的电影院里哭了又哭，我崩溃了，眼泪控制不住地往下流，我明白不能继续经营这个我创立且深爱的组织了，因为我的健康和幸福受到了严重影响。我自己的幸福？面对这些需要帮助的孩子，我怎么能够这么自私？”她的内疚感不允许她承认自己精疲力竭的事实。但后来她突然意识到，自己可以在不影响自身健康的情况下继续提供帮助。她说：“之后我意识到，创办这个组织是我的使命，但10年后，社区可以照顾这个组织。”她与董事会一起商讨，将新领导人调入新团队。如今25年过去了，此组织仍然运营良好。她鼓励我们所有人倾听自己内心对“是”和“否”的指引，如果我们无视内心的指引，就容易感到疲惫不堪。萨里的故事就是重塑“成长”的一个示范，她将成长重新定义为了一种享受生活的方式，而不仅仅追求在纸上列举出无尽的成就。这也告诉我们，世界不必由某一个体独自撑起，我们可以利用集体的共同抱负来达成重要的目标。

很多人开始追求不同形式的雄心。有的人追求更美好的生活，有的人追求更健康的生活，有的人则按照自己的方式实现抱负。他们的雄心正在从过去的以自我为中心（只关注自己或自身的成就）转变为以服务他人为导向（我是否为他人、家庭、事业、更宽泛的社会原因，或比自身更重要的事物而积极努力）。

无论以何种形式，我们一开始的雄心壮志都是很自然的。我年轻时的动机是复仇，想要证明刻薄的老师们是错的。也许年轻人就是充满幻想和决心，被各种动力所驱使。我们有活力，有梦想，有宏大的计划，也渴望追逐社会地位。在不同的人生阶段，我们的雄心也会自然而然地发生改变。随着年龄的增长，我们的雄心通常会转变为更具集体性的形式，不再仅仅是个人成功的概念。从集体的层面来看，我们好像正在推翻社会强加给我们的雄心定义（即无休止的生产力），为自己真正的雄心腾出了空间。最重要的一点是：雄心是属于个人的，往往需要经过深思熟虑才能认识到它的真谛，而不管你的雄心有多大，都没有对错之分。

总之，尽力而为，尽兴而归。

本章反思

1. **这些年来你与雄心的关系发生了怎样的变化？**自新冠肺炎疫情以来，你对雄心的看法有没有发生改变？写下 2020 年之前和之后分别让你渴望的东西，看看有哪些不同，并思考它们未来继续变化的趋势。
2. **在你的成长过程中，雄心意味着什么？**哪些人或哪些事影响了你对雄心的看法（是书籍、电影还是人）？一旦我们知道自己的想法源自何处，就能够慢慢弄懂自己对雄心的定义。
3. **你现在的雄心是什么？**如果不考虑其他人的想法，你想达成什么目标？
4. **你对成功有独到的见解吗？**有时，我们最真实的愿望和需求往往是那些自己尚未明晰，也不愿同他人分享的事情。那就写下来吧，即使它们看起来难以实现或毫无意义。也许在某一天你回头看时，一切都变得清晰起来。

5. **在工作之外，你还拥有什么雄心壮志？**除了传统的职业抱负外，是否仍有或大或小，目前还不愿与人分享的目标让你感到兴奋？
6. **你有哪些“小雄心”？**暂时忘记长期目标或宏大计划。写下你希望在接下来的一天、一周、一个月内实现的小事情。想一想实现这些小目标所需的最基本的步骤是什么。

第八章

人生没有标准答案

The Tickbox Myth

当你选定一条路，另一条路的风景便与你无关，频频回头的人走不了远路。你若简单，生活就是童话；你若复杂，生活就是迷宫。

——摘自佚名

你是否幻想过在某个特定的年龄拥有自己梦寐以求的工作？或者幻想在 30 岁以前举行一场盛大的婚礼，然后生两个小孩，住进属于自己的那座白色篱笆围绕的房子里？如今的一切是否如你儿时想象的那般？如果是的话，你真的属于少数派了。一般来说，事情很少会按计划进行，即使按计划进行，有时我们的愿望和需求也会在毫无预兆的情况下发生改变。我们的脑海中都有一份清单，上面列着自己“应该”实现的人生目标。人类的天性就是相信自己会按照人生清单上的必选项来活——结婚、生子、工作，但却很少停下来思考自己真正想要的是什么。我们已经看到了每个人关于幸福、雄心、金钱和工作的观点都会受到自身所处文化的影响。至于那些我们不断追逐的某些人生节点又是怎样的呢？我们通常认为只要能够取得某些了不起的成就，就会成为成功人士，进而获得幸福。我想说的是，这些也是根深蒂固的社会观念，我们得提醒自己如果并不认同这些观念，就没有必要参与其中。在本章中，我将细致分析一些最流行的"人生目标"，希望能帮助你找到最适合你自己的目标。现在是时候停止追求我们"应该"想要的东西了，让我们去追求自己真正想要的东西吧。

哲学家勒内·基拉尔（René Girard）一针见血地指出："人们总是会以他人渴望的东西为目标。"我们是社会性动物，竞争和比较是与生俱来的。即使我认为自己的好胜心已经没那么强了，但走在街上时，还是会忍不住看看邻居家的房子，留意他们种的植物、铺的地砖，甚至前门样式。我们看看其他人拥有什么，然后与自己的情况进行比较，这已经成了一种习惯。玛莎·贝克（Martha Beck）最近在玛丽亚·施赖弗（Maria Shriver）的播客"有意义的对话"中解释说："我们如此迷恋社交媒体、地位，以及其他一切，很大程度上是因为我们的生物学特性。就人类的进化发展而言，我们确实只比狒狒略高一筹。狒狒注重等级制度，为了在群体中获得更高的地位，不惜拼尽全力。"毫不为奇，我们经常发现我们拿自己的生活与他人的生活作比，追逐一张无穷无尽、不断变长的愿望清单，希望有一天能得到回报。我们想当然地认为再多做一件事就意味着自己"成功"了，却又不知不觉地再次卷入"地位之争"中。

但这只会让我们走向失败。如果我们期望自己的生活在外界看来井然有序，就需要冒着失望的风险。大多数时候，生活并不是扎着整洁的蝴蝶结包装起来的精美礼盒，而是凌乱不堪、不断变化的，因为我们一直在成长。在英国 *ELLE* 杂志 2021 年 7 月刊上，作家阿比盖尔·伯格斯特伦（Abigail Bergstrom）发表了一篇文章，他在文章中询问读者："你是否处于未成年和成年的中间阶段？"她描写了那些"混乱的过渡时期"，称其为"临界空间"。这些临界空间是生活中常见的一部分，是指一个人的人生成就空白期：也许是住在合租屋里，体会不到家的感觉；或是第一次怀孕（第一次做准妈妈）；或者处于感情的空窗期；或者正在找工作；或者正在面临重大的人生抉择等。这是人生的常态——尤其是在年轻的时候。你也许会感到很难度过，因为人性倾向于附着在明确的事物上：我是谁？我的工作是什么？我住在哪里？我应该怎样定义自己？追求"稳定"的感觉是可以理解的，而且其他人也能感受到我们作为"未进入心理成年期的成年人"的尴尬。在家庭聚会上，某位不太熟悉的亲戚关心起你的近况，也是希望得到简洁明了的答案，因为这样互动就更容易进行。但即使你有了一种稳定下来的感觉，这样的时刻也往往转瞬即逝，因为总有一些意想不到的事情让我们偏离正轨，或者困扰我们，促使我们改变现状。

我同样想质疑为什么感到"稳定的生活"成了我们的目标？我们被社会认知所束缚，认为约定俗成的安稳生活就是"成功"，而实际上大部分人的生活都是混乱且没有计划的。刻意追求一种原地踏步、一成不变的“完美”生活是不现实的。阿比盖尔在文章中写道：“人们会把这种摇摆不定的状态看成是消极的，因为我们所处的文化提倡我们不断进步。”讽刺的是，处于这种不稳定状态的我们却过得风生水起。我在此想告诉大家：给自己一点喘息的时间吧，即使在困难时期，你也做得很出色了。

误区：亲朋好友总是知道什么对我们最好

我们愿意相信最亲近的人知道什么对我们最好。我们寻求他们的肯定，有时这种感觉很像爱，所以我们很容易被他们的意见左右。但很多时候，他们的意见甚至可能大错特错。每次我举办工作坊或讲座时，大家最常对我说的就是：“问题在于，我本来想去尝试一下新事物，或者换一份工作，但我的父母/朋友/家人可能会不高兴。”很多人都不想让父母失望。他们承认，自己之所以上大学是因为这是家里的“惯例”，或者是因为他们不想错失成为家里第一个大学生的机会。我们许多人都非常注重给别人留下好印象，让我们所爱的人感到骄傲。虽然这听起来没错，但也可能造成相当大的伤害，因为我们是在按照别人的要求生活。我们任由别人的需求凌驾于自己的需求之上。如此循环往复。

赛斯·戈丁是一位按照自己的标准生活的人，他的故事非常鼓舞人心。如果能够提炼他内在的自信，再制成瓶装商品出售，那肯定会是一笔大生意。当我问他会听取谁的建议时，他告诉我他会从一小群人那里寻求反馈，但一般来说，“我几乎不听取任何人的意见。我经历了惨痛的教训才明白了这一点，因为过去我常常倾听其他人的意见。大多数人仍然带着高中时期的伤疤。那个时候，所有人都有发言权，所有人都能发表意见。因此，我们改变自己的穿着打扮和言谈举止，希望取悦每一个人，融入周围的环境。那个时候我们变得不再信任自己。”

而这正是问题的关键所在：“学会相信自己”是一个长期的过程，不是一蹴而就的。他意识到，有时最爱我们的人反而会在无意中阻止我们追求梦想。他说：“所以我发现，关心你的人通常会试图劝阻你不要发布创意作品（‘发布’是赛斯使用的一个词，意思是把自己的作品公之于众），因为担心你会受到伤害。工业体制下的压力仍然很明显，无论是父母、姻亲、朋友，还是其他关心你的人，都希望你能通过职业指导中心等机构‘找到一份好工作’，去‘一家好公司’上班。但这并不意味着他们真的支持你过你想要的生活。”

这些人可能声称他们一切都是为了我们好，实际上有时候会忽略我们的真实感受。所以尽管家人可能是好意，你也不必完全听从他们的建议，倾听自己的内心才是关键。本章在最后将会与你分享切实有效的方法应对这个问题。

误区：社交媒体上的成功就是一切

如今，我们不仅从亲朋好友那里寻求认可，还在网上寻求认可，这使问题变得更加复杂。20 多岁时，我很擅长在网上展现自己的成功形象。作家洛德罗·林兹勒（Lodro Rinzla）称其为“成功剧场”。就像女强人一样，社交媒体成了我展示自己成就的平台，就像高中时期走廊上装满奖杯的玻璃柜一样。我表现得像一名成功人士，营造出生活在九霄云上的假象，但真实的情况只有我自己知道。我不禁想到“伪造度假”（Fake A Vacation）这家公司：只要把自己和家人的照片发给他们，他们就能通过图片处理软件将你们的照片和一些令人向往的旅游目的地合成到一起。只要付出实惠的价格，你就能立刻出现在泰姬陵前，还不用经历疲惫的漫长飞行。实在划算！如今造假真是太容易了，尤其是在网上造假。

当大家都在社交媒体上展现自己的生活时，我们很难做到不跟风。人们开玩笑说，如果那些成功的人生时刻没有与大众分享，那就相当于从未发生过。我有一个朋友，她既没有社交媒体上的粉丝，也没有从事任何公开性质的工作，最近向我请教如何在社交媒体上宣布自己怀孕的消息。我们既要让自己活得精彩，又要宣传自己的成功，这实在是一种负担。而且这还是一个恶性循环：越是看网上那些展示人生高光时刻的帖子，越想效仿他人取得的成就。大多数人都有一种莫名的冲动，想把自己生活中的精彩片段编成艺术片，与他人分享，否则就会质疑，它们真的发生过吗？

有谁知道 Instagram 上那篇“成功”帖子背后的真实经历？这个成功的取得是一蹴而就，还是历尽坎坷，抑或是弄虚作假？正如杰米·瓦伦（Jamie Varon）在她《极度满足》（*Radically Content*）一书中所说的那样："……令人印象深刻、光彩夺目的东西，都是可以捏造出来的。社交媒体上的粉丝数量可以买到。现在绝大多数的新闻报道也是花钱买来的。看似'完美'的生活可能负债累累。Instagram 帖子里展示的那座房子看起来堪称完美，但得知主人为了买它而连续超支 19 个月之后，你又作何感想呢？"浏览社交媒体的时候，很难退一步思考，"这里到底发生了什么？"但需要注意的是，事情可能并不像表面所见的那样。"每个人都在打一场自己一无所知的战斗"，如今这句广为人知的名言似乎越来越贴切了。

网红文化特别善于将成功展示在公众面前。我们自己虽竭尽全力，却仍然不能像他们那样享受成功的人生，或者得到各种各样免费的礼物，这着实令人难以忍受。正如我之前所说，我的确认为互联网在某些方面创造了公平的竞争环境，为我们提供了原本可能没有的机会，但同时也让我们感到被剥夺了某些东西——为什么我的同龄人能拥有这样的人生，而我却不能呢？众所周知，成功的因素有很多，但如果看到成功的人是与自己能力不相上下的人时，我们似乎更加难以忍受他们的成功。

32 岁的前律师奥利维亚（Olivia）意识到社交媒体在"筛选成功"中扮演了极其重要的角色，它们让生孩子、买房子或升职等一切都看起来那么容易。她告诉我，社交媒体带给她极大的疏离感，因她觉得自己达不到外界公认的那些成功标准："我无法融入一个满是宝宝话题的群聊。新冠肺炎疫情期间，朋友们用社交媒体聊天叙旧时，关注的焦点都是订婚、朋友新房子的双折叠门和宝宝的最新动态。”如果这也是你认为的成功，那毫无疑问这都是些愉快的对话。但是，如果这种话题令你感到不安或困惑于为什么这些事情不能激发你的兴趣，而且你对成功的理解与其他人不同，那么你可能需要一直不断解释自己的选择或价值观。

奥利维亚辞去那份让她痛苦不堪的工作已经 7 年了，但她说：“仍然有很多人问我为什么要离开法律行业，为什么会接受薪水减半的新工作，为什么还在租房而不是买房，有没有谈恋爱。庆祝那些本来是‘常态’的成功，也会变得不那么容易，特别是当你必须对其原因做出解释，并且需要竭力维护它时。”这迫使我们正视自己，意识到我们必须为自己认定的成功而战。就像对待自己的孩子一样，坚决支持它，保护它，并为之自豪。当我再次询问经历过一段感情破裂并换了工作的奥利维亚如今对成功有何看法时，她说：“现在，成功对我来说更多的是关于工作与生活的平衡，真诚、友情、健康和知足，比实现人生必须实现的目标更重要。”

我有一个朋友一直不喜欢参加婚礼，因为她发现“你是做什么职业的？”这类问题会让她感觉自己很糟糕。缺席婚礼的确会让她内疚，但她又很难表达自己对成功的看法，或者让别人知道她仍在努力找工作，因为她似乎是唯一一个没有工作的单身人士。像奥利维亚一样，有时我们必须捍卫自己对成功的理解，尤其是在寡不敌众的时候。但是，与其只关注我们在网络上的个人形象或忙于展示自己的成功人生，倒不如深入剖析自我，认清自己当前所处的位置。如果我们不断询问自己心之所向到底为何，不再沉迷于网络上自己光鲜亮丽的图片，那么我们就能与个人目标保持一致，坚定方向，即使感到被他人疏远，也能坚守住自己的立场。在这些时刻，只要我们能成为自己的朋友，事情就会变得容易些。有时，这意味着你需要从网上或现实生活中其他人的成功故事中抽身出来。这也意味着，你不必因为自己的生活看起来与别人的不同就躲得远远的。我们应该尽一切可能善待自己。每个人的人生道路都不同，每个人也都在以自己的速度前进。

误区：不积极参与，就错失良机

FOMO（错失恐惧症）心理是真实存在的。在安静的周日晚上，我们私下都会担心："我的工作是不是不够出色""我会不会永远也遇不到合适的人""我是不是应该多做运动"，或者不管何时，大脑总会冒出一些莫名的担忧。有时我担心自己不够有趣。"有趣"无处不在，我们不断被灌输这一理念。每个人都在社交媒体上享受着乐趣。节日的乐趣，聚会的乐趣，阳光下的乐趣！电视节目中的女主角通常很有趣、狂野、敢于冒险。饮酒文化就是提倡尽情享乐。昨天我注意到水石书店的橱窗里有一本名叫《有趣的力量》（*The Power of Fun*）的书。我们购买印有"人生苦短"的 T 恤，使用主题标签 #yolo。我们尽情享受短暂生命中的每一刻。

但是如果有人非常认真地问我，我理想中的夜晚是怎样的，我闭上眼睛，想到的是以下场景（按此顺序排列）。

1. 在撒上浴盐、滴入精油的浴缸里泡澡，直到皮肤皱得像李子果干一样。

2. 穿着厚厚的袜子躺下，再盖上一床大毯子。

3. 靠在一个超大的枕头上。

4. 沉浸在一本好书里（精装书，而不是 Kindle 版）。

5. 早早入睡。

我知道你在想什么：这是我们奶奶辈的人才会过得那种夜晚，但这的确是我个人对成功之夜的看法。对于其他人来说，成功的夜晚可能意味着外出狂欢，听一场音乐会，或者夜间冲浪。我们每个人都有自己最喜欢的消磨时间的方式。

去年夏天，我独自一人去伊维萨岛旅行。当时我正在写一篇关于“独自度假”的专题。第二天，我收到了朋友发来的短信。

朋友：怎么样啊！你这阵子都在忙什么？

我裹着浴巾躺在床上，一边吃沙拉一边写文章，还一边听着佛利伍·麦克（Fleetwood Mac）的音乐。前一天晚上，我一个人吃完晚饭，不到 9 点就上床睡觉了。

我：我正在床上写作，今晚还要待在家里。棒极了！

朋友：你要待在家里？你是在伊维萨岛吗？出去狂欢吧。要是我在那儿，肯定把你拖出去，哪怕一小会儿也行。出去吧，再怎么说也得参加一场派对啊！

我：我在这里做得最开心的事就是在房间里读书！真是棒极了！

朋友：哈哈。你真是白白浪费了这么好的旅行！

虽然她是在开玩笑（一定程度上），也没有任何恶意，但大家私底下还是会认为，二三十岁的年纪，不应该过得这么无聊。我的这位朋友很可能会去寻求刺激，彻夜狂欢，释放自己，而我总是倾向于待在家里。

当然，大部分时间我在家里都很自在。有伴侣意味着我可以选择有人陪伴，在家里也不会感到孤独。我有足够的空间可以舒舒服服地接待朋友。我真的很喜欢待在家里。去年的元旦前夕，我过得极其惬意——邀请朋友们来家里，做了晚餐，然后趁着他们还在狂欢，自己则偷溜回床上睡觉。我不习惯熬夜，所以设定好自己的界限，不会一味迎合他人而忽略甚至强迫自己，这种感觉真的很好。自从新冠肺炎疫情爆发以来，人们常说你应该抓住一切机会走出家门，享受每一天，但这并不是把握今天的唯一定义。

也许多年来我一直误以为自己想过一种轰轰烈烈的生活，但其实我只想过一种安静的生活，与所爱之人共度时光，而不是在黏糊糊的舞池里弄脏鞋子。我受够了宿醉，受够了附和别人对快乐的定义。我正在探索属于自己的乐趣，它也许看起来比别人的安静一些。有时，我也担心日后回首年轻岁月时，会后悔没有活得更“狂野”一些。但我又会再次提醒自己，被迫的快乐和真正的快乐是不一样的，狂野从未是我的愿望。我们需要找到乐趣之于我们的真正含义，而不是随波逐流，即使这个过程会让人感觉不适。

在最近的一集《荒岛大碟》（Desert Island Discs，BBC 电台制作的节目）里，就连凯特·摩丝（Kate Moss）也承认自己不再是那个热衷于参加派对的女孩了，如今的她喜欢早睡早起，喜欢自己的花园，不喜欢“失控”的感觉。如果这对凯特来说足够好，那么对我来说也足够好。

误区：我们应该有很多朋友

几年前，我认识了吉莲·安德森（Gillian Anderson），并邀请她做客我的播客节目 Ctrl Alt Delete。她简直是最酷、最聪明、最接地气的女性。节目结束后，我们一起在录音棚里合影留念，她全程热情友好。我们聊到了她的工作、生活、慈善事业、习惯和愿望。在谈话的最后，我询问了她对友谊的看法。在《卫报》的采访中，吉莲罕见地谈到了友谊。她说她只有为数不多的几个朋友，还提到她在伦敦、加拿大和美国举办了三个小型派对来庆祝自己的 31 岁生日。“但分别只邀请了 5 个人、6 个人和 13 个人”她开心地说，“这就是我所有的朋友……我没有成百上千个朋友，也邀请不到 300 人参加。”听到她这样说（我不禁有点崇拜她），我立刻觉得自己不再那么孤单了。我也只有几个朋友！我们谈到了如何才能真正沉浸在自己的快乐中，她鼓励播客的听众“在任何年龄”都可以这样做。我们不必等到年长或更明智时才去做适合自己的事情，我们可以抵制外界的“应该怎样”，决定自己喜欢的生活方式。年轻人往往因为想受欢迎而要承受巨大的压力，但听到吉莲·安德森承认她很高兴拥有一小群亲密的好朋友，而不是一个庞大的朋友圈时，我感到很宽慰。她的生活方式听起来与我的如此相似。

我一直看重友情在不同人的生命中扮演的各种角色。比如，我妹妹就有很多朋友。在她 30 岁生日时，我打算为她整理一本回忆录。那时我的收件箱每隔 2 秒钟就能收到一封新邮件，其中一些因为内容太长，无法全面展示。她有这么多了解她的好朋友，真是太棒了。我忍不住比较了一下自己的朋友圈，发觉自己没有那么多朋友。真正亲近的人用一只手就能数过来，最多两只手一定能数得过来。我没有一大群亲密的朋友，但我和我的朋友们有着深厚的友谊。我更擅长一对一地交往，而且我一直觉得作为大集体中的一员，很难维持牢固的关系。

我不知道我的不安全感从何而来。也许是因为看到了泰勒·斯威夫特（Taylor Swift）在 VMAs（MTV 音乐录影带奖）上那张众星云集的“闺蜜团”照片，或者是那些 22 个女人参加单身派对或集体度假的照片。我意识到，在内心深处，我们或许是害怕孤独，或许只是需要获得更多认可。通过获得更多认可，我们会感觉自己被更多人接受，或者被更多人爱。但根据麻省理工学院（MIT）在 2016 年进行的研究来看，我们并不需要通过很多朋友来获得满足感。我们能够同时保持亲密关系的上限人数大约是 5 人左右。尽管社交媒体鼓励我们不断“交朋友”，但在现实生活中，我们根本没有这个精力。

维系现有的友谊需要付出很多努力。正如企业家切尔茜·费根（Chelsea Fagan）在 Twitter 上说的那样：“人们非常重视维持恋爱关系的‘工作’，但却很少有人知道，真正的友谊也需要同样的指导和精心呵护。”

我们并未坦诚面对自己只能为少数人付出真心这一事实。但我想说的是，这种用心的付出是值得的，因为它能带来回报。正如生活中所有美好的事物一样，我们必须付出努力，才能拥有我们所热爱的一切——我们必须给朋友打打电话，付出精力，暂时离家，陪伴朋友。数字正念专家克里斯蒂娜·克鲁克（Christina Crook）把这些培养幸福感的方式称为“甜蜜的负担”。这并不容易，需要付出很多努力，但这正是意义所在。正是这种实际行动使一切变得有价值。

如果你没有很多朋友，或者这并不是你生活所需或心中所想，那也没关系。但友谊很重要，温暖的人际关系是生活中非常宝贵的一部分。我们所处的数字文化告诉我们一切都是数字游戏。我们应该有数百个朋友，数百万粉丝。生活好像一场人气竞赛。事实上，仅仅几段温暖的友谊，便可以让我们一生都感到幸福：朋友的质量比朋友的数量更为重要。

误区：成功意味着找到伴侣并与之相伴一生

作家兼活动家杰米·克林格勒（Jamie Klingler）在 Twitter 上写道："那些真正的成年人究竟是怎么样的人？他们认为自己需要依靠他人来充盈自己，让自己变得完美，让自己的人生更加完整。一边儿去吧！你要通过人际关系才能做一个完整的人吗？你无须依靠别人完善自我。你本就拥有完整的自我！"我身边有很多享受单身状态的女性，她们都是独立且完整的个体，过着充实的生活。但是，尽管有很多快乐的单身女性，人们对单身仍然有一种挥之不去的禁忌。孤独、寂寞或被迫单身的观念充斥着流行文化的叙事。正如作家多莉·奥尔德顿（Dolly Alderton）所说："我们的文化往往重视浪漫爱情。""抱抱季"是一个越来越流行的术语，指的是在一年中的特定时期，人们明显更有动力"结婚"。它一般出现在每年的 10 月到次年的 3 月，也就是英国一年中比较寒冷的季节，尤其是在圣诞节和新年之间的时期。这表明在此时期，人们希望或需要有人陪伴，但大部分原因还是受到社会压力的驱使，人们需要带伴侣参加节日聚会，或在吃圣诞火鸡时与家人讨论自己的感情状况。根据我的经验，人们似乎会问单身者很多问题，想知道他们是否真的享受单身，或者是否只是"还没有遇到合适的人"，关键是会以一种与对待已婚或恋爱中的人不同的方式对待单身人士。就像生不生小孩一样，这似乎是人们热衷讨论的话题，但实际上并非如此。结婚或恋爱的社会压力由来已久，而且无处不在。

即使在恋爱关系中，我们也可以享受独处的时光。我个人从不觉得有必要和伴侣形影不离。我和丈夫保罗（Paul）第一次见面时，我们都处于幸福的单身状态。我知道这又是一个老掉牙的故事，但那时我们俩真的不是在寻找伴侣，所以在毫无精神压力的情况下相识相知。20 岁出头的时候，这样的交友方式很适合我们。年纪大了之后，情况就完全不同了，因为你需要尽早提出更重要的问题。他会花 5 周的时间外出旅行摄影，这期间我则很享受自己睡一张床，有独处的时间做些自己喜欢的事，充分体会独立的感觉。我当然也会想念他，但我不想作为彼此的“另一半”存在，我认为自己已经很完整了，我不想失去这种感觉。我喜欢独处的时光。我喜欢在一段长期关系之外拥有自己独立的身份，我喜欢做自己。

我和保罗有幸相互扶持、共同成长，但即便如此，随着人们的预期寿命不断增长，跟同一个人天长地久在一起的想法也不再那么理所当然。婚姻是一项巨大的承诺，不应该轻率对待。这不是指望婚姻不会出现问题，而是应该抱有强烈的意愿和决心一起走下去，不过，若事情不再受我们掌控，就不应该让婚姻关系成为一种束缚。

我们已经知晓，雄心在一生中时强时弱是很自然的事情，有时这也会带来人际关系上的改变。我们一直处于不断变化的状态。从很多方面来看，如果两个人能相扶到老，也是一种福气。正如埃丝特·佩瑞尔（Esther Perel）所说：“我与我丈夫有过 3 次婚姻。”她在我的播客节目 Ctrl Alt Delete 受访时表示，我们可以在同一段伴侣关系中拥有多种不同的关系，因为大家都在成长，都在改变，我们要么在一起，要么分开，但没有什么是一成不变的。实际上，我们会一次又一次对同一个人做出承诺——或者干脆不做承诺。这种可选择的再次承诺是婚姻浪漫的一面：选择在一起，选择继续走下去。我们要么像缠绕在一起的树根一样共同成长，要么分开生活，甚至分道扬镳。当然，如果真的分开了，我们也许会度过一段难熬的时期，但即便分手或离婚，我们也不该把没能继续走下去的感情视为“浪费时间”。不是因为结束了，生命中有意义的一章就被抹去了。我听过这样一则轶事：一位女士告诉别人她要离婚了，别人回答说“恭喜你”。她说她很喜欢这样的回答，因为那也是她自己的感觉；有时离婚确实是一件值得祝贺的事情。

误区：我们都应该组建家庭

周二下午，一张朋友家新生宝宝的照片在社交媒体群聊里引起了一阵轰动，她的小手皱巴巴的，眼睛紧紧地闭着，戴着一顶小帽子。群里有人评论说：“在我看来，所有的婴儿都长得一样！但她实在太可爱了。”我给这个直率的发言贴了一串“笑哭”的表情，随后又在图片的可爱之处贴上了“爱心”的表情。

上周，一位朋友家还在蹒跚学步的小孩趴在白板前“祝”我生日快乐，她的妈妈则在白板上写下了对我的生日祝福。

一位朋友的儿子一边唱着“生日快乐艾玛”，一边拍打着沙发，啃着软乎乎的玩具。

另一位朋友家蹒跚学步的小孩，则拿起了一把比他还大的吉他，沉浸在自己创作的音乐（噪声）中，这让我想起了最纯粹的创作时刻。

我那胆大妄为的侄子骑着自行车从泥泞的草坡上飞驰而下，头发随风飘扬，这个小家伙喜欢冒险和刺激，什么都不怕。我身边有很多并非我亲生的小孩。对我来说，他们提醒着我，只要挣脱成年生活中层层叠叠的文化束缚，一切都会变得简单起来。我非常爱这些出现在我生命中的孩子。

也许我看到的只是精彩的片段，但我也从中看到了孩子们最真实的一面：那些真诚的、纯粹的欢乐时刻。孩子们天生相信平等，哪怕大人们假装哭泣，他们也会担忧地皱起眉头。他们会认真亲吻你的手肘，然后跑开。他们做自己想做的事，追求自己想要的东西。我喜欢他们的率真、他们的活力、他们时常疯狂的个性。我们应该向他们学习。

然而，无论我有多爱这些孩子，这都不意味着我想拥有自己的小孩，哪怕是一瞬间——事实证明这两件事绝对可以同时存在。我从来都不想要孩子。2020 年夏天，我的处女作《奥利芙》（*Olive*）首次出版，使我意外成为了“无子女”一派的代言人。书中的主人公奥利芙（Olive）是一个选择不生孩子的女性。我知道，写一本话题性小说会让自己成为众矢之的，因为人们不由自主地认为女性小说家一定会在作品中描写她自己的私生活。坦率来讲，这次我确实是这样做的。尽管我在外貌和情感上都与奥利芙大相径庭，但我还是无意中成了谷歌上与“选择不要孩子的女性”这一关键词相关的热搜榜首。我为《世界时装之苑》(*ELLE*)、《红秀》(*Grazia*)、《嘉人》(*Marie Claire*)、BBC《女人时光》(*Woman's Hour*)等杂志撰写了相关文章。有时，我觉得自己的感情暴露无遗、脆弱不堪，我的生活仿佛被揭开了一层面纱。但多数时候，我都很喜欢人们深夜上网搜索相关话题时，给我发来的相当坦诚、给予认同的电子邮件。我喜欢对话中的迂回曲折和细微差别，喜欢最后的落脚点总会回到对彼此个人选择和愿望的怜悯上。我从骨子里觉得自己不想要孩子，就像另一个女人完全确定自己想要孩子一样。我很庆幸自己还能进行这样的对话。纪录片《我所谓的自私生活》(*My So-Called Selfish Life*)讲述了20世纪70年代的女性是如何因为犯下最大的罪过(不想生儿育女)而遭到排斥的故事，她们被公司解雇，被家人嫌弃，觉得自己是彻头彻尾的贱民。

尽管有些人仍然认为选择不要孩子是道德败坏——当然这完全不符合事实，而且对那些不能生育的人来说尤其不公平。幸运的是，如今情况有所好转。但是，如果你说“我不想要孩子”，仍然会触碰到某些禁忌。所以我总觉得有必要赶紧跟上一句“不过我还是很喜欢他们的！”或者“我很想当姑姑！”或者“但我真的是一个**有爱心的**人！”可是真正的进步是无须做出任何多余解释的，大家也能完全接受。一个温柔的微笑和一句“你做得很好”就足够了。

让没有孩子的我感到非常荣幸的一件事，就是为我那些为人父母的朋友们提供了一个安全的空间。尽管我没有为人父母，不能真正理解他们每天的经历和体验，但我不会轻易做出评价或批判。所以从很多方面来看，这非但没有拉开我与他们的距离，反而让我们更亲近了。最近我和一位朋友聊天，一起回忆新冠肺炎疫情期间各自经历了什么。她是一名个体经营者，习惯按照自己的方式规划生活。突然之间，家庭教育的额外压力占据了她的时间、精力和资源。在很多方面，我的感觉恰恰相反，似乎在疫情期间没有什么事情会分散我的注意力。疫情使她受到太多事物的干扰，但几乎没有什么干扰到我。我不需要照顾其他人的生活，没有孩子拽着我的袖子，扰乱我的思绪，也没有人给我的工作设定最后期限。我所做的就只有工作。从她的角度来看，她希望自己能有更多时间来完成工作。而我则希望有人走进我的办公室，央求我同他玩耍或者只是分散一下我的注意力。在那一刻，我们都羡慕对方拥有的生活。但实际上我们理想化了对方的情况，这在生活中时有发生。神奇的是，这次对话以后，我们都对自己的生活更加满意了。

阿兰·德波顿（Alain De Botton）在他的“人生学校”（The School of Life）视频“生还是不生”中用舒缓的声音解释说，世界上没有“无代价”的决定。无论你的生活是什么样子，都会有不顺利的时候，都会有沉没成本，也都会有羡慕旁人的时刻。他说这一切都取决于你自己选择面对何种类型的痛苦（我喜欢他激烈的措辞）。无论是否有孩子，无论是否可以选择，苦难总会降临到我们身上。只是不同的个体，所遭受的苦难也不尽相同。事实并非如听起来这般沮丧，相反，我们能从普遍性中得到安慰。我们能做的就是尽可能地支持彼此。因为在我们各自不同的快乐中，蕴藏着各自不同的痛苦，这是我们的共同之处。认识到每个人的人生旅程都是独立的并不意味着我们是孤独的，但的确意味着我们必须做出适合自己的决策。通往幸福的路线图不是在他人的手中，正是在我们自己手里。

误区：少买几个牛油果就行了

2017 年，澳大利亚房地产大亨蒂姆·古纳（Tim Gurner）告诉千禧一代不要再在吐司上抹牛油果，而要把省下来的钱用来买房子。出于某些原因，人们长期以来一直把千禧一代与流行的早午餐联系在一起，蒂姆这一席话更是加剧了这种刻板印象：跟朋友少吃几顿昂贵的早餐就能解决购房问题。当然，接着就有了讽刺的社交媒体帖子和热梗。詹妮弗·奥尔布赖特（Jennifer Albright）发推文说："去年我本来要付首付买房的，但后来我把 44 000 美元花在了牛油果吐司上。"当然，她是在开玩笑。但在整个社会体制不完善的情况下，将责任归咎于个人的做法并不合适。这就好比告诉千禧一代别再购买盆栽植物，就能帮助解决全球气候危机一样不切实际。

买第一套房子、为孩子赚足够的钱、存钱买一辆好车，比以往任何时候都更难实现，所以为什么不把辛苦赚来的钱花在几顿丰盛的早午餐上，而不是为了一些徒劳的目标而把它存起来呢？当然，生活中大多数事情似乎都要讲究平衡，但我们不应该因为偶尔享受一些小奖励就责备自己。正如我在前几章中所说的那样，在某些领域取得“成功”并不像数 1，2，3 那样容易，因为我们的社会仍然存在系统性问题，即社会缺乏平等的机会，这就意味着许多人被剥夺了茁壮成长的权利。正如营销和宣传总监波莉·奥斯本（Polly Osborn）在 Twiter 上所说：“我想对需要安慰的年轻人说，没有房子也没关系，20 岁左右的年纪开开心心地住在喜欢的地方也很好。我 38 岁时才买下了第一套房产，是的，是的，是的，我本可以过简朴的生活，吃便宜的食物，住在偏远的郊区，但为什么要那么做呢？”为什么不把钱花在自己喜欢的事情上，满足自己真正的需求呢？

误区：只有了不起的成就才值得庆祝

我有一个单身的朋友自己一个人住在一栋漂亮的房子里，还养了一只狗。她是身边很多朋友孩子的教母，也是一位非常好的友人，总是会为身边人着想：她会记得大家的生日、组织聚会、发送体贴的短信。在这个世界上，围绕人际关系的庆祝活动比比皆是：订婚、聚会、婚礼、宝宝派对。如何确保没有参与这些活动的人也能分享喜悦呢？我们商讨出了一个办法：举办一场大型的生日派对—— 一场自我庆祝的派对。这样，亲朋好友就都有机会来表达他们的爱意。我希望这个办法能够得到普及。举办一个“只因……”的派对，不需要教科书式的人生里程碑作为理由。我们还讨论了在其他人忙于其他事情无法参与派对时，她应该如何为自己庆祝，如何善待自己，如何自我欣赏及挖掘自身的价值。庆祝具有纪念意义的重大活动，似乎总是围绕着结婚和生孩子展开，并且这些场合总是需要花很多钱，这似乎并不公平，难道不是吗？实际上，无论是否有商店出售专门的贺卡，仍然有许多其他事情应该，也值得被我们庆祝。记住，无论结婚还是生子，这些传统都不是衡量成功的唯一标准。

很多事情不需要有意义，吃喝玩乐不等于虚度光阴，吃苦耐劳也不等于意义非凡，尽兴就好。

本章反思

1. **问问自己：这是真的吗？**写下困扰你的事情。有些根深蒂固的想法，我们甚至从未质疑过。写下几件让你觉得自己不如别人的事情。例如“我朋友不多”。看看能否换个角度，写下任何你想到的事情。说出一位你欣赏的新朋友或老朋友。到底是什么让你觉得自己应该拥有更多的朋友呢？
2. **你是否执着于任何“应该做的事”？**生活中，有哪些“应该做的事”源自你的成长经历？你是否从小就认为自己应该在某个年龄段拥有某样东西？你“应该”结婚吗？你“应该”考取博士学位吗？把一张纸分为两列，一列写下你“应该做的事”，另一列写下给你带来快乐的事。看看这两列的事有哪些是一致的？你又发现了哪些不同之处?

3. **赞美和庆贺他人的任何成就。**当我们身边的人接受心理治疗、养一只狗或离婚时，我们应该也像为他们庆祝传统观念认为的重大成就那样，给予他们关注和支持。我们可以和他们一起喝杯咖啡，给他们发条短信或寄张卡片，也可以为他们举办一次小型聚会。
4. **像朋友一样善待自己。**如果你的朋友还没有实现某个目标，你会怎么做呢? 你可以说些善解人意的话，并给予他们支持。在你特别渴望某件事情时，也要给自己同样的安慰。给过去的自己写一封信吧，告诉自己那些出人意料发生的好事。也给未来的自己写一封信，列出你希望自己在将来会拥有的一切。把这些信放到抽屉里，然后专注于今天，做一些让自己感到愉快的事情。记住，一切都在不断进步中。

The Success Myth

第九章

成功不是终点，而是新的起点

The Arrival Myth

“我不想耗费一生去攀登人生的顶峰，因为我明白只要停下脚步，就会发现驻足之处即为美景。”

——尼古拉·简·霍布斯（Nicola Jane Hobbs）

一天晚上，我出去和朋友聚餐，我们品尝美食，相谈甚欢，我笑得肚子疼。第二天一觉醒来，我依旧沉浸在昨晚的好心情里。在厨房里，我一边在十字面包上抹黄油，一边通过谷歌智能软件播放 Magic 调频广播（英国的流行音乐广播频道），播放的刚好是名为“地风火”（Earth, Wind & Fire）乐队的歌曲《尽情享受吧》（Let's Groove），这时，我的思绪不禁飘回我为第一本书拍摄宣传照的场景。我为新书封面摆姿势拍照时，放的就是这首 80 年代的歌曲。当时的场景正是我人生的终极梦想，是我梦寐以求的成功——“舞动奇迹”（Strictly Come Dancing）节目组的化妆师为我化妆，编辑在我耳边诉说着她对这本书是何等的痴狂，她的助理为我端来咖啡和零食，做摄影师的朋友为我拍照，我们在换造型和化妆的间隙说说笑笑。难以置信，我竟然在拍我第一本书的宣传照！我激动得快上天了！我成功了！我的人生从此改头换面，焕然一新！此时此刻，梦想终成真，这就是我所要达到的终点！

那本书出版几个月后，在一次新闻发布会上，很多同行都在说着“一切都顺利吗？”“我的天呐！你的书简直太棒了！”“恭喜恭喜！”“写出这么一本书，你肯定开心坏了！”“你简直太厉害了”。然而，随后我遇到了我的朋友凯特·莱弗（Kate Leaver），她也是位作家，写的文字总能温暖人的心灵。看到她那温和的面庞，我终于卸下了伪装，把她拉到一边，尴尬地诉说着自己的崩溃和失落。这本书的出版并未让我感到丝毫不同，早期的销量不佳更是让我忧心忡忡。凯特很理解我的心情，但我看得出她有一丝惊讶。表面看来，我的生活无懈可击，而我却性格古怪、内心孤独，也会因抱怨而自责。现如今，我失望至极，明明已经实现了自己童年的梦想，但内心深处却毫无波澜，一如从前。

梦想成真与内心反思

前文所述的这种现象是一种心理学上的思想陷阱，叫作“终点谬误”，由哈佛大学的心理学专家泰勒·本-沙哈尔（Tal Ben-Shahar）提出。终点谬误是“一种错觉，认为我们只要实现了理想，或是达到了目标，就能获得永久的幸福”。如果你即使完成了一件人生规划中的大事，也从未因此体验到全然的满足感，八成就是这个原因了。我们一度认为只要完成了人生目标或事业规划，我们就能超越别人，就会与众不同，过上完美人生。但是，失望和沮丧却随之而来。这时，我们方才察觉传说中的终点其实并不存在。

现在，我知道梦想实现后产生心理落差实属正常，但问题在于：一是我们高估了实现目标所产生的积极影响，二是我们几乎对此事闭口不谈。临床心理学博士索菲·莫特（Sophie Mort）认为，产生这种心理落差的原因多种多样，包括“我们给自己制定了长期目标后，每天都会充斥着很多的规划……我们期待目标达成时，自己会无比欣喜。然而，得偿所愿后的无所事事，又会让我们怅然若失”。她还提到，如果是完美主义者，还会认为自己本可以做得更完美，总是想象只要实现目标，自己便会改头换面、焕然一新，但“结果却发现我们还是一如往常，千愁万绪绕心头”。最后的结果让我们大失所望，我们却很难找到其背后的原因。

在某一个领域取得成功，并不代表在所有领域都成功，一时的成功甚至还会让人在往后的生活中备尝艰辛。痴迷于好莱坞明星及其妆容、服饰和舞台灯光，无法自拔地想全方位了解好莱坞的一切，这让我非常自责。我不停地提醒自己：“每个人成功的背后都有不为人知的付出。”劳拉在 50 岁时出版了自己的第一本书，实现了她的梦想。我们聊天时，她说她生活的其他方面也开始变得一塌糊涂。

一周内，她失去了至亲，也失去了自己的家。新书的成功出版也无法让她人生中的一切痛苦魔法般地消失："它不是万能灵药，也不会如你潜意识里期望的那样成为万能的防护盾。"生活中的暗流时刻在奔涌，它可不在乎你的梦想是否成真。工作怎么都做不完，再多表面的成功也难掩生活的不如意。她还说，"就算你得到了梦寐以求的工作，遇到了理想的伴侣，生了孩子，写了书，出演了女一号，收到了录取通知书，中了彩票，但最终，你还是你。你的伤痛、你的童年创伤，依然还在等你去疗愈，你依然是人，还是会生病，还是要面对至亲的生老病死，还是可能失业或离婚。"某一方面的成功并不代表一切都会成功，也不代表人生的终点。

闪亮灯光下那耀眼迷人的成功光环不会一生一世都围绕着我们，它也不会一直都闪闪发光。科学家亚当·格兰特（Adam Grant）说过："成功带来的喜悦转瞬即逝，真正的幸福其实存在于日常的点点滴滴之中。"我之所以会在出书后陷入失落沮丧的黑洞中，问题不在于别的，而出在我的期待上。社会卖给了我一粒"成功牌"的无效药，而且这个品牌大家都爱买。它靠营销手段，驱使我们不断追逐忙碌，让我们永不知足。现在回首过往，想到自己曾天真地以为好好工作就可以治愈一切，还真是可笑。

在厨房里听着那首"地火风"乐队的歌曲，我不禁眼带笑意，因为它让我知道，原来我已经前行了这么远。我已经不再是那个 20 多岁的女生了，那时的我会一边配合拍照，一边幻想着靠一本书、一个目标或是一点成绩就可以扭转命运。现在，我已到了而立之年，取得了许多让我自豪的成就，从事着我所热爱的工作，但现在的我正穿着洞洞鞋，放慢了生活的节奏，花时间去嗅闻玫瑰的花香，驻足去欣赏身边的风景，也领会到了闪闪发光的最终目标已不再那么重要。当然，我的人生愿望清单上还会列出一些功绩和目标，但这些只是让我心情愉悦的锦上添花而已，真正让我的生活充满快乐和意义的是我现在所拥有的生活模式。我可以把视线拉远，把握全局，不管每一天取得了什么成就，我都能看到自我的价值。通过揭穿成功的神话，你也应该为自己赋能，去创造属于你自己的人生框架。成就只是生活的额外奖赏，我们的生活在其他方面都已经够美好了；成就并不能代表所有，我们拥有的一切已经足够。何为成功的人生，由我们自己来定义。

如今的“成功”体现在我每一天的细节中。成功就是我致力于做利己利他之事，就是参与和体验，就是好好照顾自己。它可以是理性购物，可以是出门徒步，可以是与朋友打电话，可以是进行新的探险，也可以是刚好按时完成任务、勇敢尝试、敢于拒绝，甚至就是躺着休息。我不再需要通过“舞动奇迹”的化妆师为我打造妆容来提高存在感，我只需要做自己。拆解了成功的神话后，我们可以张开双臂，拥抱这重新定义的自由感，一切从零开始，重新设计我们的生活。

在整本书中，我们能够看到人们都渴望破解成功的密码，痴迷于追求幸福、提高生产力、追逐地位和金钱，以及对工作身份的执着追求

（还有社会中人们对传统的成功人生理念的坚持），诸如此类的迷恋给我们留下了无尽的挫败感与空虚。人生终点的神话则让我们清清楚楚地看到所有这些努力都将会白费。事情就是这样，内心渴望越多，我们就越停不下来。所以，世间的一切都永远无法满足我们的欲望。我认识的一对夫妇最近通过 Rightmove（英国最大的房产信息平台）买了一栋带着 6 间卧室的大房子，刚刚完成过户。我最近见到他们时，看见女士的手机上还保留着 Rightmove 软件的提醒通知。她不想删除这个软件，还时刻关注这些提醒，担心万一再出现更好的房子呢？她又开始进行她的下一步规划了！她自己都尴尬地笑了，这也证明了我们不会满足于当下，即使当下所拥有的已经超越了我们的最大期望值。

寻找我们自己的完美时刻

很多好电影中的蒙太奇场景总能引人入胜，但也要注意这些场景不怎么现实。我最喜欢的场景就是《律政俏佳人》（*Legally Blonde*）中埃尔·伍兹的热血时刻。她骑健身单车、健身，拼命工作，求知若渴，她要证明所有人都小瞧了她。那个场景很有感染力，我们都想成为她那样的人。然而，现实中她赢了官司之后，就要一辈子都努力工作了。新的挑战会接踵而至，周而复始，她必须不断地起身出发，生命不息，奋斗不止。我们常认为生活中会满是如此奇幻的美妙时刻，然后屏幕上就会滚动出“全剧终”的字幕。

我们无法随心所欲地抢先或快进到生活中的如意时刻，也无法删除所有的不快。洛杉矶的自由撰稿人海德·桑德尔（Heather Sundell）在她的新闻稿（newsletter，一种订阅邮件）中写道："我为什么不能直接跳到生活中的惬意时光，比如厨房已经打扫好了，孩子不再起夜了、已经学会自己如厕了，学校不再因为疫情停课了，我顺利拿到学位了，我又能和丈夫去度假了，哪怕只是两人出去吃顿饭也好。"享受当下需要有耐心，需要有安分知足、悠然自适的能力，要抱着像在看全天电影的心态。海德认为："这些惬意时光简直是都市传说，根本不会存在，至少不会自己凭空出现，伴随而来的必会是狂风暴雨。其实我目前的生活就很惬意，只不过我多年来竟不曾在意。"生活中的美好时刻都蕴藏于平凡琐事之中，只是我们未曾发现而已。

年少时，我也相信某些时刻会足以改变一生，就像某个自带背景音乐的经典蒙太奇片段，只要稍加改变，我就能一夜之间成为更好的自己。先从最小（也是最没有成就感）的目标开始：更新歌单；重新安排卧室的布局；赢一场赛跑。一切都是打开新世界的钥匙，也是从世界另一边走出"新我"的机会。当我达到"某个特定目标"或得到"某个特定事物"时，我坚信最终一切都会如愿以偿。我还记得我第一次这么做，是去商店买新校服，听起来很傻，因为当时我觉得改变自己的契机在于外表。我选了一件灰色的百褶短裙，换下了自己的长裙，还尝试了几双新潮的细高跟鞋。我就知道，穿上它们，我绝对会马上变成另一个人。但当我望向镜子时，发现就算换了行头，我也依然是我，还是会苦恼，还是要写作业。一次晋升、买新房或是穿新鞋根本不会让你一夜之间改头换面。

我们都在线性思维中长大，把生活分为开始、中间和结束 3 个阶段。而现实中，生活却在不断循环，我们在不同的阶段周而复始，不断成长变化。人生如潮涨潮落般起起伏伏。生命的开始就如同终结一般，我们会像照顾小孩一样照顾年迈的父母，正如他们照顾小时候的我们一样。这就是生命的轮回。我们哪儿也去不了，我们人生结束的地方同样也是生命开始的地方，只有知识技能在代代相传。一生中，你会一次又一次地“到达”（一段新的关系，一份新的工作，等等），但却从来不会停留。人类的进化从未停止，不会一成不变，所以我们对成功的定义也该不断更新。

不要让梦想毁掉生活

表面看来，我在 2018 年取得了巨大的成功。尽管我在事业上取得了很多成就，但仍然向着更高的目标不断努力。虽然我已经作为“女王青年领袖奖”的获奖者受到了女王的接见，播客下载量已经达到了万次，还做了一次 TED 演讲，但我总觉得自己还不够努力，没有一件事让我有过自己所期待的那种感觉。这些成绩已经足以令人赞叹了，但我为什么还是感觉不到满足呢？我百思不得其解，我明明应该已经高兴到飘飘然了的。可惜我当时太忙了，没来得及品味这一场场成功。它们来得快，去得也快，我还没来得及反应，甚至连喘口气的机会都没有，就马上投入到了下一项工作中。在飞去好莱坞参加电视推广的路上，我几乎一点儿印象都没有，满脑子想的都是：下一步要做什么？我该如何维持这种状态？为什么老是感觉哪里不对劲？

我生活中的一切都变得越来越以目标为导向——以至于我开始拖延，因为我相信只有达到目的，生活才能真正“开始”。我会以时间不适合，或是准备不充分为借口，把邀请朋友、健身运动、规划旅行这类事情一拖再拖。我还没成为自己想成为的人，我一直在等。等我得到那份工作就好了，等我年龄再大些就好了，等我搬去伦敦就好了，等我节食就好了，等我实现财务自由就好了，等我……我工作在当下，但却一直活在未来。

回首往事，不免哀叹，我一直在为这些“等等就好了”的时刻奔波劳碌，而自己的生活却早已停摆。现代社会告诉我们“每上一个台阶，就会离永恒的幸福更近一步”，但这只是为了让我们永远都不知满足地奔波操劳一生。

还记得我最后一次尝试这种人生终点模式。我决定挑战一把，看看自己会不会到达所谓的终点——我要写部小说。只要我写出了一部小说，到时候一切必将豁然开朗，我肯定也会真正地开心起来。然而现在我的小说已经出版两年了，我却依然如初，并未达到所谓的终点。这种想法不仅让我不顾一切地保持已有成绩，还驱使着我再接再厉，争取更多。正如我所说，追求并没有错——追求的过程可以很愉快——但等待你的结局却并无不同。从现在起，改变想法，你就可以真正改变自己的生活。我们要接纳自己，接受当下的现实。

当我立下一个目标时，要是有人跟我说这样的话，我同样也会感觉非常泄气：你凭什么说人的一生不会在一夜之间改变？既然我们全力以赴之后感觉一切仍毫无起色，那我们为什么还要这么辛苦？直到在马克·曼森（Mark Manson）的网站上读到"有时候，期待比拥有更美好"这句话，我才恍然大悟。其实我还是沉思了一会儿，才接受了这个观点。期待真的会比拥有更好吗？真的假的？我真切体验过浮想联翩、白日做梦、抑或异想天开都比最后的现实更美好。在我的脑海中，关于为了出版一本书而日夜付出的记忆的确比签下书约那天更加深刻和历历在目。人的想象力是无穷的，想想你探索新事物的兴奋感，想想那种发生在你真正打算改变时的感觉，想想那种即将坠入爱河的感觉。可是一旦拥有，结果却会令人大失所望或不尽如人意。世上没人可以完美契合我们的理想标准，我们也不该苛求生活如幻想般尽善尽美。如果把它想象得太过完美，就算真的有终点，那最终带来的也唯有失望而已。更何况哪有什么终点，人生并非一个个边界清晰的章节，而是一条绵延不断的轨迹。

法拉·斯图尔（Farrah Storr）在她的 Substack（美国版公众号）《值得了解的事》（Things Worth Knowing）一文中写到她如何彻底改变了自己对成功的定义："我想到成功时，总会联想起菲利普·拉金（Philip Larkin）的名言'成功犹如孤寂的阁楼'，因为这就是传统意义上的成功最后带给人的感觉。我成为杂志总编时，就是这种感觉，我的顶层公寓里空空如也，只有寥寥几只气球。当上总编后，回首过往的工作历程，我发觉令人愉悦的其实是向上攀爬的过程，而并非到达顶点的那一刻。如果成功只存在于攀登的过程，那么现如今，于我而言，相比之下，成功就显得愈加无关紧要。我要在花坛种下心爱的花草准备迎接春天，要为春天鸟儿的孵化挂好鸟巢，还要每天都写上几句散文。”周围野心勃勃的女士们也都正在接受这个事实：快乐在于向上攀爬的过程。

既然我已经充分认识到这个事实，知道我永远不会到达“终点”，所有外在的成就大概也永远不会带给我完满的感觉，那么一切也就顺理成章了。小说家谢丽尔·斯特雷德（Cheryl Strayed）说过：“不要让梦想毁了生活。”这句话太振奋人心了。我写这本书就是为了庆祝我们重新振作，庆祝我们找到属于自己的成功之路，庆祝我们从只盯着人生巅峰的传统观念中解放出来。但这并不是要让你放弃努力或放弃自己的事业目标，而是要觉察到很多事情的结局也许并不会成为人生大转折，也不会有什么激动人心的幸福终点站。生活还是会一切如常，或者只是让你在物质上稍微富足一些。成功不会带给你奇迹般的转变，也不会是终点，更不会是你改头换面的垫脚石。所以，不要再做那些“等等就好了”的战略决策了，好好享受当下才更长远有益。

是时候迈入第二阶段了

那么，如何才能既舒服地做事，又小有所成呢？我们难以与习惯对抗，尤其当别人在为你的外在成功标志而鼓掌时，你会更愧于承认“其实有些事并不是那么一回事”。大部分自助类图书试图让所有事情都简单而完美，信誓旦旦地保证你只要完成 10 步就能成功，激励你去追逐自己的梦想，然后就万事大吉。我曾受到过这类信息的蛊惑，花钱报了线上导师课，结果无济于事，并让我追悔莫及。仅从一本书中就能总结出自己对成功的定义几乎不可能，真正理解自己对成功的定义需要花费一番功夫，这对所有人都绝非易事。从一开始就要放下一切形式的空想，虽然我们早已对空想习以为常，但现在每时每刻都不能再空想。然后要在房间内静坐思考，这会让很多人打退堂鼓。但要是不努力找到我们自己真正想要的东西（而不是亲朋好友、伴侣家人，或者是网上某个人想要的），我们还是会盲信盲从、随波逐流，最终只是为他人做嫁衣，还是会继续一边过着南辕北辙的生活，一边疑惑为什么自己一路走来取得了那么多花里胡哨的成绩，却依然感到难过和沮丧。我们需要的不是计划，而是偶尔放下一切束缚，提醒自己：你才是你的指南针。我到底想要什么？——这个问题问起来简单，回答起来却很难。

在“雄心壮志需适可而止”那一章中，我略微提过我已经到了第二阶段，我是从作家，《桥》（*The Bridge*）的作者、教练唐娜·兰卡斯特（Donna Lancaster）那里学到的。要想到达第二阶段（充满内在富足和幸福的路），必须先经过第一阶段（也就是思考自己真正想走的路）。第一阶段非常重要，我们要先把事情打乱，做出与众不同的转变，追求我们真正想要的东西。我们的生命旅程不会因此而虚度，因为第一阶段至关重要。只有通过第一阶段，我们才能进入第二阶段。

第一阶段：追求社会传统定义的成功（外在目标、地位、物质财富等）。

第二阶段：忘记第一阶段，寻找内心的满足感，这种满足感不仅仅来自对“拥有更多”的追求。

兰卡斯特解释道：“第一阶段是必经阶段，它意味着工作、金钱、伴侣、鞋子，等等。你获取这些是为了了解自己。当你进入第二阶段（它可能发生于不同时期，也有人永远都走不出第一阶段），你会由内而外重新定义自己与职业和金钱无关的成功。来到这个阶段，你会透过完全不同的视角来看待生活。你开始发现我们可以获得不同类型的财富，但它们都与钱无关——并不是说金钱有错。”有些人终其一生都只在第一阶段努力，想用多赚钱来修补生活；有些人太早就进入了第二阶段，比如从一开始就遵循内心指引的青少年；有些人在打工生涯结束后进入第二阶段。我们都不一样，都处于不同的时期、不同的阶段。最重要的是，第一阶段是必由之路，我们会从中学到很多。世上没有错误的路，因为生活时时刻刻都在教我们学会某些东西。这本书就是为了让你厘清内心的感受和欲望，并为去往（或身处）第二阶段而行动。当你不再执着于自己对成功的最初定义，开始寻找其更深刻、更隐蔽的意义时，你就进入了第二阶段。带你前行的是好奇心，而非梦想和欲望。成功不是进取心驻足之处，而是进取心萌芽成长之地，特别是当我们更加看重自我成长而非物质追求之时。

如果我们需要通过经历人生的挫折，或是通过以身试错，才能找到真正的人生之路，那么我们更应该学会总结人生的种种教训。记住那些对自己没有（再次）实现某个目标而感到失望的时刻，记住这种感觉，总结一下自己的不足之处，关注这一刻，平心静气地接受它。重要的是吸取教训，不要重蹈覆辙。我们能从任何事中汲取经验和教训，为己所用。

在过去，成功意味着无尽的财富；而现在，成功则可以是无尽的时间财富；

在过去，成功意味着要奔波忙碌；而现在，成功则可以是休憩放松；

在过去，成功意味着要奋斗不息；而现在，成功则可以是知足常乐。

我在此希望，抛弃对成功的传统刻板印象能帮助人们在生活中寻求获得成就感的不同方式。我发现与人们谈论对成功的不同看法，并且相互理解的感觉真的很棒：有的人认为过于热爱工作是失败者所为；有的人认为没有激情，安于现状是一种耻辱；有的人认为单枪匹马、白手起家是最大的成功；还有人认为与自己的梦中情人步入婚姻的殿堂就成了人生赢家。我认识的一部分女性，还认为成功就是要活得自私一点；还有的认为收养了8个孩子也是一种成功。这没有固定答案，从前没有，以后也永远不会有。我们无须窥探别人对成功的看法，每个人的成功之路都是自己走出来的。

有一点至关重要，如果你在读这本书时觉得自己各方面都一败涂地，请记住，所有错误的转折或是感觉不对的时刻，都有助于我们发现自己真正想要什么。这就像一场冷热游戏（类似于捉迷藏，用冷热来判断距离目标的远近）：越来越暖和了吗？越来越冷了吗？我们要想弄清楚什么会让我们有成就感，就要首先知道什么无法带给我们成就感。没有人不是先走错几步，才能解开谜题。

认可与价值观

每个阶段之间的过渡期都是艰难曲折的。转变、发现自我、解决问题都需要时间。生活中我们会经历许多或大或小的变化。以前我对成功爱恨交加，要是不放下这种感觉，我就无法继续前行。这需要花费精力，也需要治疗。多亏了一次线上的小组辅导，我才学会如何破解我与成功这种不健康的关系。辅导过程中，一位女士坦诚地谈到了她的焦虑。教练问了一些相关问题：焦虑给她带来了什么，以及它产生的原因。这位女士意识到，她之所以焦虑，是因为她关心这个世界，关心她的爱人，关心他们的未来，是她的大脑让她的世界一片混乱。随后教练让她做的事出乎我们的意料：对自己的这些负面情绪说谢谢。这是这位女士第一次对自己的焦虑说谢谢。她要欣赏自己的方方面面，就算焦虑破坏了一切也不要自责。她开始觉得焦虑与自己毫无关系：她不是焦虑本身，焦虑也不等于她。只要我们开始关注这些负面情绪，而非一味逃避，它们的影响就会减弱。有句老话说“越抗拒，越持续”，如今听起来依然很有道理。这个例子让我们明白，在需要成功的背后，我们也需要疗愈。

在我与那个沉迷成功、一心求胜的我化敌为友后，我突破了自我。之前那个忙忙碌碌，争强好胜的“我”是社会文化的产物，因为这个世界告诉我们没做到出类拔萃就是懒惰的结果。在学校和老师那里所受的教育一直让我相信这一点。我从不知满足，一味抱残守缺，疲于奔命。直到发现，只有同拥有这些观点的自己友好相处，才能慢慢放下羞耻感，这时真正的成功之花便开始绽放。你不必后悔，也不必在意过去的错误或失败。这样你便可以依照自己的情况来认可自己。

当我与朋友、同事和受访者屡次讨论这本书关于成功的话题时，他们都非常认可我的观点。我们都是社会性动物：渴望得到别人的接纳和认可，希望别人赞许我们正在做的事情、肯定我们努力的方向。但这也意味着，我们常会为了得到他人的认可而委屈自己。遵从内心，走自己的路，学会说“不”，摆脱世俗意义上的成功，这需要很大的勇气。要记住，这样做虽会让我们觉得不堪重负、束手无策，甚至与世界格格不入，但只有这样，我们才可以挣脱束缚。我们的身体是有智慧和思想的，你仔细听：你胸口的阵阵剧痛，腹部的隐隐作痛，都是一种诉说。

同样你面带微笑、开放宽容、轻松自在时也是如此。相信你的直觉。

“成功”二字总是闪闪发光、令人兴奋，又充满诱惑、惹人注目。它给人短暂的安全感、成就感和认同感，还会带来诸多社会回报（金钱、特权、安逸）。拥有这些固然美好，能够让人安心舒适，但满足感和成就感却通常源于我们在本书中讨论的其他事情——它们来自对这些“神话”的认知。

你目前为成功付出了多少代价？如果付出了太多，你准备放弃什么？如果想有多一点儿独处时间，你愿意频繁地拒绝他人，愿意牺牲周围人的认可吗？如果想要生活压力小一点，你是否会换份工作，即使这会让你在领英（LinkedIn）上的简历没那么令人印象深刻？伊丽莎白·吉尔伯特（Elizabeth Gilbert）的话一直萦绕在我的脑海：“为了拥有你假装想要的生活，你愿意放弃什么？”如果你内心深处并不快乐，那么拥有再多的成功也只是自欺欺人罢了。你离自己想要的生活可能并不似想象中那么遥不可及，你只需要摆脱自己的固有认知，另辟蹊径，认识真正的自我价值。

我发现制作一个世界上所有我钦佩之人的名单或灵感板很管用，他们可以是朋友，也可以是公众人物。通过认可他人身上最值得尊重的品质来确定你的价值观。如下所列：

- 真诚（不回避自己的直觉）；
- 心灵相通（多用一对一的方式交流，而非单向的传播）；

- 好学（永远做个学习者）；
- 坦然（坦诚面对自己的感受）；
- 尊重（尊重自己，尊重自己和他人的边界）。

了解自己的价值观有助于引导我们走向真正的成功，这样我们在做决定时，才可能做出适合自己的选择，而不是人云亦云，同时还可以帮助我们设定更为严格的边界，这样一来，我们的日常生活就会与我们的心之所向步调一致。确定我们价值观的基础是要谨记我们不是在追求成功，而是在追求一种感觉。金钱代表安全感，野心代表生活一路向前的感觉，友谊则是心灵相通的感觉。这一切的背后，我们想要的只是某种程度的身份感、舒适感或是被认可感。追求这些也无可厚非，但当你告诉自己追求的其实只是种感觉而已，这样就可以找到更简单真实的方法了。

小努力，大成就

写这本书时，我列出了在采访中人们曾与我分享的关于成功的不同定义。尽管它们独特而具体，但我每次查看列表时，都会注意到它们当中包含了 5 个统一的主题（即在书的开头我们提到的“成功”——高学历、有房、体面的工作、结婚、生子等）。

人们对成功的描述蕴含着 5 个主题和价值观：时间、爱、和平、连接和希望，只是以不同的方式表现出来而已。

- **温暖感受**。在和彼此理解的人在一起时，即使仅有一人，人们也会产生巨大的幸福感和成就感。这就是你从他人身上感受到爱的时刻，他可以是你的挚友，也可以不是传统意义上的朋友，比如陌生人、治疗师、老师、同事，甚至是点头之交，你们之间产生共鸣的温暖同样会产生巨大的影响。感受到别人真正倾听自己的时刻，感受到自己可以成人之美的时刻，以及与自己的挚爱之人彼此需要的时光，这些意义非凡的时刻都会带给我们心灵相通的感觉。
- **知足常乐**。一切都刚刚好的时光，比如走到户外、去散散步、坐在花园里饮一杯茶，或是待在一座让你有家的感觉的房子。许多人和我说过，这些时刻会让人的内心无比平静和谐。
- **彻底地接纳自我**。接受真实的自己，接受这就是你的生活。爱自己，接纳和真正宽容自己。人们常说接纳和宽恕也会带来成就感。
- **勇往直前**。即使出现问题，内在动力也依旧会促使你继续前进。成长、奋斗、挑战的感觉，其实就是**希望**的感觉。
- 足够的**钱**。谈论钱时，人们并不会提及具体的财富目标，而是更想实现财务自由。只要能够保证自身和家人生活富足、家庭**安宁祥和**足矣。

采访中，在实现长期目标过程中也会有许多看似微不足道的琐事，比如卧病在床时有人端茶倒水悉心照顾、一同欣赏日出日落、看小孩开心地踩水、聆听悦耳的鸟鸣、在大自然中徒步远足、收到来自朋友的亲切问候。也就是说，要有时间和空间来注意到这些生活中的细节。能够为当下的生活腾出更多的空间，通常也与现有的工作和生活方式有关。

不需要考虑过于长远的未来，也不需要反复思量重大的人生目标，你完全可以着眼于身边最不起眼的小事，从这些小事上寻找快乐。我们该如何享受当下的每一分、每一刻、每一天？是什么看似平凡到微不足道，却足以给予我们愉悦身心的力量？怎样才可以在平凡中找到更多乐趣？

成功并不是仰望少数有权有势的名人，认为他们手握成功的秘诀。其实秘诀就在我们的心中。

事实上，我们羡慕成功人士，只是嫉妒他们找到了属于自己的成功。

这本书中涵盖了各种重大话题，我想得越多，就越相信生活中成功的最大标志就在于爱自己、肯定自己，做自己的后盾。丢掉来自外界社会的沉重负担，相信我本具足。没有自暴自弃便算是成功。重新发现我们内心那个单纯的自己，学习分享的智慧，遵循内心的直觉。我们拼命地追寻外在的一切，却不知内心已富足到可以拥有一切。

没有谁的人生一帆风顺，低谷时期的苦难就是为了积蓄力量。

本章反思

1. **目前为止，你做了哪些无效工作？**写一份清单，列出那些让你感觉不对劲的事，就是外界看来“不错”但却从未让你快乐的事。思考那些让你提不起兴趣的事，或者那些对你不起作用的事，可以帮助你沿着正确的道路前进。请如实回答。
2. **你的人生价值观是什么？**你能确定自己的内在价值标准，并在需要时写在纸上作为提醒吗？“时间”“爱”“和平”“连接”和“希望”，这些词能引起你的共鸣吗？
3. **不要写“待办事项清单”，而要写“已完成清单”。**回顾自己所做的一切。在开始下个阶段前，留一点儿时间消化这一切。观察自己的“已完成清单”，你从中学到了什么？
4. **将来你想得到的是什么样的感觉？**如果你到达了终点，那会是什么感觉？体会那种终于实现你梦想生活时的感觉，思考一下如何让自己现在就可以体验这种感觉。
5. **写下你自己对成功的定义，并定期查看。**我们对成功的定义总会不断变化和演变，一月之间都可能发生变化。要经常与自己对照、随时更新。

后记

寻找内心的平静与自由

当我们的生活分崩离析，一切变得纷乱不堪的时候，我们内心渴望的并非所谓的遥不可及的“成功”，而是平凡而恬淡的时刻。当我们珍视的某个人过世，我们怀念和他坐在沙发上一起聊天的平凡时光；当我们失去心爱的工作时，我们怀念与同事打声招呼，或为他们泡杯茶这样的小事；当我们病倒时，我们渴望有足够的力气出门散散步；当疫情席卷全球时，我们渴望那些平淡的日常活动，比如看一部电影，或是与好友聚餐。然而，在现在快节奏的社会生活中，这些平凡的瞬间仿佛变得一文不值。媒体或颁奖典礼不会歌颂这种渴望。我们将这些宝贵的时刻贬低为毫不重要的可笑琐事。我们对此视而不见，争先恐后地向下一个目标进发，追逐下一个大热门。但具有讽刺意味的是，这些被我们忽视的平凡时刻其实就是成功，是构成我们生活的一切。

在山姆 · 弗拉戈索（Sam Fragoso）主持的“易谈”访谈节目中，作家安妮 · 拉莫特（Anne Lamott）就如何珍视“平凡的生活”有过精彩的描述："为平凡的生活欢呼吧，因为我们要从中汲取养分。成功的真谛并非藏在我们成名后的幻想中，或是遇到值得托付一生的'真命天子'，或赚足够多的钱，买一辆新车能带来的满足感，真正的力量源泉就隐藏在你对平凡生活的体验和享受的过程中。"过好平凡的生活（不管是"有时"还是"一直如此"），并想方设法深入体验每时每刻，本身就会带给我们平静和自由的感受。你可以制定很多目标和宏伟的计划，但我们的生活始终要扎根在此时此刻。

我并不是说有远大的梦想不好。梦想是值得我们为之奋斗的。人生就在于不断追求，在于激动人心的精彩瞬间、在于希望、梦想和成长。要有远大的梦想，但一定是你自己的梦想，也不要忘记：做自己。

我还有远大的梦想要去实现，但我不会再迷失方向。我不会再在追梦的过程中迷失自我。彩虹尽头的金罐①或许不存在，但这并不意味着你无法去欣赏彩虹。如今，我发誓要欣赏雨后彩虹，每一道彩虹都不会错过。

人生就是一场体验，你只能活一次，你终将会死，假如想不虚此行，就别管别人怎么看你，尽兴就好。

---

① "彩虹尽头的金罐"来自于爱尔兰的民间传说。根据传说，当你看到彩虹的尽头时，你会发现一个隐藏的金罐，里面装满了金币和财富。这个传说中的金罐象征极大的财富和幸运。因此，这个短语常被用来形容一个追求成功或幸福的目标，尽管有时候这个目标可能是不切实际的或难以实现的。——译者注

致谢

我要向以下这些人表示衷心的感谢。

我过去的自己：过去对你太苛刻了，对不起喔。

我现在的自己：我很开心现在能慢下脚步陪伴你。

我内心明智的自我：感谢你指引我前行。

乔·加侬：感谢你在我需要的时候，能时时陪伴在我左右。

保罗·斯托里：感谢你在我人生蜕变的每个阶段依然爱着我。

我的好友们：感谢你们在我搏击风浪、需要休憩片刻的时候，为我提供安全的港湾。

夏洛特·克拉克：感谢你这么懂我。

维奥拉·海登：感谢热心的你，感谢你的鼓励和我们那份难能可贵的友情。

露西·奥茨：感谢你为我出谋划策，你敏锐的眼光在编辑我的作品时帮了大忙。

贝基·肖特、伊兹·加法里-帕克和索菲·布鲁斯：感谢你们孜孜不倦地帮我出谋划策。

海伦·贡达：感谢你自始至终都坚信这本书能够尘埃落定。

阿比盖尔·伯格斯特龙：感谢你提供的语音注释，愿意陪我在餐桌上畅聊。

基姆·巴特勒：感谢你助我取得的一切成就。

纳塔利·卢：谢谢你教会我如何说“不”。

塞利娜·巴克：感谢你叮嘱我在追求远大理想的同时，要照顾好自己。

朱莉娅·卡梅伦：谢谢你教会我不管飞得多远，总能找回自我。